AF283797

Economía circular: principios de la sostenibilidad. SEAG0003

Roberto Pérez Huguet

Economía circular: principios de la sostenibilidad. SEAG0003
© Roberto Pérez Huguet

1ª Edición

© IC Editorial, 2025

Editado por: IC Editorial
c/ Cueva de Viera, 2, Local 3
Centro Negocios CADI
29200 Antequera (Málaga)
Teléfono: 952 70 60 04
Fax: 952 84 55 03
Correo electrónico: iceditorial@iceditorial.com
Internet: www.iceditorial.com

ISBN: 979-13-7027-089-6
Depósito Legal: MA 1904-2025

Impresión: PODiPrint
Impreso en Andalucía – España

Nota de la editorial: IC Editorial pertenece a Innovación y Cualificación S. L.

Especialidad formativa

Se entiende por especialidad formativa la agrupación de contenidos, competencias profesionales y especificaciones técnicas que responde a un conjunto de actividades de trabajo enmarcadas en una fase del proceso de producción y con funciones afines.

Las especialidades formativas de Uso General, Formación Complementaria, Formación Modular y las especialidades formativas dirigidas a la obtención de certificados de profesionalidad se incluyen en el Fichero de Especialidades del Servicio Público de Empleo Estatal para su gestión en todo el territorio nacional por cualquier Administración competente.

Las especialidades complementarias, pertenecen todas a la Familia profesional de Formación Complementaria (FCO) y tienen la consideración de formación transversal en áreas que se consideran prioritarias tanto en el marco de la Estrategia Europea para el Empleo y del Sistema Nacional de Empleo como en las directrices establecidas por la Unión Europea. Se consideran áreas prioritarias las relativas a tecnologías de la información y la comunicación, la prevención de riesgos laborales, la sensibilización en medio ambiente, la promoción de la igualdad, la orientación profesional y aquellas otras que se establezcan por la Administración competente.

Las especialidades de Certificado de profesionalidad tienen una duración especificada en su normativa reguladora.

En el resultado de la búsqueda, se muestran las unidades de competencia, todos los módulos formativos con su duración y las unidades formativas del certificado correspondiente, con su duración. Las horas del certificado, exclusivo de las especialidades de certificado de profesionalidad, con alta igual o superior a 2008, son las horas totales más las horas del módulo de Prácticas Profesionales no Laborales.

➲ **Si la especialidad tiene unidades formativas,** las horas totales, presencial, distancia, teleformación serán igual a la suma de esas horas de las unidades formativas de los distintos módulos, sin que se repita ninguna Unidad formativa.

➲ **Si la especialidad no tiene unidades formativas,** las horas totales, presencial, distancia, teleformación serán igual a las sumas de esas horas de los módulos formativos, eliminando las horas de los módulos repetidos.

https://sede.sepe.gob.es/especialidadesformativas/RXBuscadorEFRED/BusquedaEspecialidades.do

(Fuente: Servicio Público de Empleo Estatal)

Índice

OBJETIVOS GENERALES

Los objetivos generales de **SEAG0003. Economía circular: principios de la sostenibilidad,** son:

- ➲ Identificar y describir los procesos, servicios y productos que sean más sensibles con el medioambiente, aplicando los principios de la economía circular y estimulando el crecimiento sostenible en sus organizaciones.
- ➲ Analizar los principios y fundamentos de la economía circular y su importancia como herramienta generadora de valor a lo largo del ciclo de vida de los recursos.
- ➲ Identificar las iniciativas internacionales y las políticas públicas existentes orientadas a fomentar la transición hacia una economía circular en los distintos niveles administrativos de España.

Economía circular y estrategias

Contenido

Objetivos

El objetivo general de esta Unidad de Aprendizaje es:

→ Analizar los principios y fundamentos de la economía circular y su importancia como herramienta generadora de valor a lo largo del ciclo de vida de los recursos.

Los objetivos específicos de esta Unidad de Aprendizaje son:

→ Analizar los principios clave de la economía circular, su diferencia respecto al modelo lineal y las oportunidades que ofrece en términos de sostenibilidad, eficiencia de recursos e innovación empresarial.

→ Identificar las principales estrategias y herramientas desarrolladas en el ámbito autonómico, nacional y europeo, incluyendo la Hoja de Ruta de la Economía Circular en Cataluña, la Estrategia Española de Economía Circular 2030 y los planes de acción de la Comisión Europea.

→ Interpretar el papel de las instituciones públicas y organismos de gobernanza, como el MITECO, la Generalitat de Cataluña o la Comisión Europea, en la definición, seguimiento e impulso de políticas circulares, así como su impacto en el tejido económico y social.

→ Identificar los beneficios económicos que la implementación de principios de economía circular puede aportar a las organizaciones, especialmente en términos de eficiencia, cumplimiento normativo y acceso a incentivos.

1. Introducción

La transición hacia un modelo de economía circular requiere de una base sólida de conocimiento conceptual, así como un entendimiento claro de las estrategias que lo hacen posible. La economía circular no es una acción aislada ni una simple mejora ambiental; se trata de un cambio estructural en el modelo económico, en el que el diseño, la producción, el consumo y la gestión de los recursos se articulan en torno a la eficiencia, la regeneración y el cierre de ciclos. Esta transformación se fundamenta en principios claros y en oportunidades que impactan positivamente en el entorno y en la competitividad empresarial.

La economía circular se debe observar desde tres puntos de vista estratégicos: el análisis conceptual y sus fundamentos operativos, la planificación territorial avanzada y la alineación con los marcos nacionales y europeos. Interpretar las políticas circulares, conocer los instrumentos de apoyo y entender cómo se desarrolla una estrategia multiescalar, que va desde lo local a lo global, es un aspecto fundamental que permite obtener una perspectiva crítica para abordar la circularidad desde una lógica técnica, política y económica.

Valeria y Óscar son dos profesionales comprometidos con la sostenibilidad que trabajan en un nuevo proyecto centrado en integrar los principios de la economía circular en su municipio. Mientras que Valeria analizará las bases conceptuales y las estrategias operativas de la circularidad, Óscar estudiará la planificación territorial y los marcos normativos europeos que respaldan esta transformación. Juntos explorarán cómo cerrar los ciclos de producción y consumo, identificando las oportunidades locales que contribuyan a un cambio estructural del modelo económico, alineado con la regeneración de los recursos y la eficiencia sistémica.

2. Contexto global y justificación

 **HILO CONDUCTOR**

Valeria y Óscar han comenzado la semana presentando en el ayuntamiento los primeros resultados del diagnóstico territorial sobre economía circular. Conscientes de los límites del modelo lineal tradicional, han centrado su exposición

Continúa en página siguiente >>

<< Viene de página anterior

en cómo la circularidad puede transformar el tejido económico local y responder a la crisis climática, la escasez de recursos y los residuos crecientes. Valeria ha explicado el vínculo directo entre esta transformación y los Objetivos de Desarrollo Sostenible, mientras que Óscar se ha encargado de subrayar la urgencia del rediseño de los productos y procesos para evitar el desperdicio desde el origen. Ambos han llegado a la conclusión de que la economía circular ya no es una opción, es una necesidad estratégica.

Durante décadas, la economía global ha seguido un modelo lineal de crecimiento basado en el consumo ilimitado de recursos: extraer, fabricar, usar y desechar. Este enfoque ha generado una presión insostenible sobre los sistemas naturales, agotando ciertas materias primas, generando grandes cantidades de residuos y contribuyendo de forma significativa al cambio climático. En paralelo, el crecimiento de la población, la urbanización acelerada y la globalización han intensificado la demanda de recursos, agravando estos desequilibrios ecológicos. En este contexto, la **economía circular** surge como una alternativa estratégica orientada a rediseñar los sistemas productivos y de consumo, promoviendo un uso más eficiente de los recursos, la reducción del desperdicio y la regeneración de los ecosistemas. Esta transformación, además de responder a una necesidad ecológica, también ofrece nuevas oportunidades económicas, de innovación y de empleo.

En línea con **los Objetivos de Desarrollo Sostenible (ODS)** establecidos por la **Agenda 2030,** la economía circular se presenta como una herramienta clave para avanzar hacia un modelo de desarrollo sostenible, inclusivo y resiliente.

Los objetivos de desarrollo sostenible tratan de conseguir un mundo más respetuoso con el medioambiente.

2.1. Crisis climática, escasez de recursos y necesidad de transformación del modelo lineal

El cambio climático es uno de los mayores desafíos ambientales, sociales y económicos del siglo XXI. Las emisiones de gases de efecto invernadero (GEI), provocadas principalmente por la quema de combustibles fósiles y la gestión ineficiente de recursos naturales, están generando alteraciones profundas en el sistema climático global: aumento de temperaturas, eventos meteorológicos extremos, desertificación, elevación del nivel del mar y pérdida de biodiversidad.

Según el **Panel Intergubernamental sobre Cambio Climático** (IPCC), limitar el calentamiento global a 1,5 °C requiere reducciones drásticas e inmediatas de las emisiones en todos los sectores. La forma en la que producimos, consumimos y gestionamos los residuos tiene un impacto directo en este objetivo. La economía circular, al reducir la extracción de materias primas y optimizar el uso de los recursos, se posiciona como una herramienta esencial para mitigar el cambio climático.

 **PARA SABER MÁS**

Puedes consultar el Panel Intergubernamental sobre Cambio Climático (IPCC) en el siguiente enlace. Accede desde aquí.

https://redirectoronline.com/seag00030101

El actual modelo económico está sustentado en un uso intensivo de recursos naturales no renovables. Se estima que el consumo global de materiales se ha cuadruplicado en los últimos 50 años, mientras que las tasas de reutilización o reciclaje siguen siendo limitadas. Muchos de los recursos críticos, como el litio, el cobalto o las tierras raras, presentan riesgos geoestratégicos debido a su concentración geográfica y al aumento exponencial de su demanda.

La sobreexplotación de estos recursos está generando importantes **impactos ecológicos y sociales:** degradación del suelo, contaminación del agua, pérdida de hábitats y conflictos por el acceso a materias primas. En este contexto, la economía circular promueve el desacoplamiento entre crecimiento económico y consumo de recursos, mediante modelos más eficientes, circulares y regenerativos.

 SABÍAS QUE...

Cada año se generan a nivel mundial más de 2.000 millones de toneladas de residuos sólidos urbanos, de los cuales una proporción significativa termina en vertederos o se incinera.

Este modelo, además de implicar una pérdida masiva de valor económico, también genera altos costes ambientales y sanitarios. La economía circular plantea una respuesta que pasa por: **rediseñar los productos y los procesos para evitar residuos desde el origen, fomentar la simbiosis industrial y cerrar los ciclos materiales de forma efectiva.**

La transformación de este modelo económico lineal hacia un sistema circular no es una opción, sino que es una **necesidad estratégica.** La transición circular permite alinear la sostenibilidad ambiental con la competitividad económica y la justicia social. Implica repensar el diseño de los productos, la logística, el consumo, la normativa y la gobernanza de los recursos desde una lógica de ciclo cerrado.

 IMPORTANTE

Avanzar hacia un modelo circular requiere la implicación de todos los agentes: Administraciones públicas, empresas, centros tecnológicos, instituciones educativas y ciudadanía. Solo a través de un enfoque colaborativo, basado en la innovación, el conocimiento y la acción colectiva, será posible construir un futuro resiliente, inclusivo y regenerativo.

2.2. Objetivos de Desarrollo Sostenible (ODS) y la economía circular como herramienta clave

En septiembre de 2015, los 193 Estados miembros integrantes de las Naciones Unidas adoptaron la denominada **Agenda 2030 para el Desarrollo Sostenible,** un compromiso político y ético para transformar el mundo en un lugar más justo, equitativo y sostenible. Esta agenda se articula en torno a **17 Objetivos de Desarrollo Sostenible (ODS) y 169 metas concretas,** que abordan de forma integrada los retos ambientales, sociales y económicos del planeta.

Los ODS representan un marco de referencia común para Gobiernos, empresas, organizaciones sociales y ciudadanía. Su propósito es erradicar la pobreza, proteger el medio ambiente y garantizar el bienestar humano en un horizonte temporal definido: el año 2030. En este contexto, la transición hacia una economía circular no es un objetivo aislado, sino una palanca transversal que incide directamente en múltiples ODS.

La economía circular permite avanzar de forma directa y medible en varios de los ODS más relevantes:

ODS 6
- Agua limpia y saneamiento: fomenta la reutilización de aguas y la reducción de vertidos contaminantes.

ODS 7
- Energía asequible y no contaminante: impulsa la eficiencia energética y el aprovechamiento de las fuentes renovables.

ODS 8
- Trabajo decente y crecimiento económico: genera nuevos modelos de empleo verde e innovación empresarial.

ODS 9
- Industria, innovación e infraestructura: promueve procesos productivos sostenibles y tecnologías limpias.

ODS 11
- Ciudades y comunidades sostenibles: reduce la presión sobre los servicios urbanos mediante estrategias circulares.

ODS 12
- Producción y consumo responsable: constituye el núcleo de la economía circular: diseñar, consumir y desechar de forma consciente.

Continúa en página siguiente >>

<< Viene de página anterior

ODS 13
- Acción por el clima: contribuye a la mitigación del cambio climático reduciendo las emisiones y la presión sobre los ecosistemas.

ODS 15
- Vida de ecosistemas terrestres: disminuye la deforestación, la contaminación del suelo y la pérdida de biodiversidad.

La economía circular ofrece un marco operativo para hacer realidad los ODS desde un **enfoque sistémico y pragmático.** No se trata de introducir mejoras técnicas, sino de repensar los modelos de producción, los patrones de consumo y la gobernanza de los recursos. Esto implica transformar las cadenas de valor, fomentar la innovación colaborativa y rediseñar las políticas públicas para integrar criterios circulares en todos los niveles.

Además, la economía circular favorece la coherencia entre las políticas ambientales, industriales, sociales y educativas, al generar sinergias entre diferentes metas de la Agenda 2030. Para ello, resulta fundamental establecer **indicadores de medición del impacto, las estrategias sectoriales, los marcos regulatorios actualizados y las plataformas de cooperación.**

El avance de los ODS enfrenta importantes desafíos. La crisis climática, la pérdida de biodiversidad, las tensiones geopolíticas y la desigualdad social exigen respuestas ambiciosas e integradas. La economía circular se posiciona como una herramienta esencial para acelerar el cumplimiento de los ODS, aportando soluciones prácticas que conectan sostenibilidad, resiliencia y competitividad.

 **RECUERDA**

El compromiso de las empresas, Administraciones y ciudadanía con la circularidad es un paso indispensable hacia un desarrollo que respete los límites del planeta y promueva el bienestar intergeneracional.

ACTIVIDAD COMPLEMENTARIA

1. Investiga qué son los Objetivos de Desarrollo Sostenible (ODS) y cuál es su relación con el modelo energético actual y futuro. Analiza qué son los ODS y qué propósito tienen dentro de la Agenda 2030, cuáles están más relacionados con el ámbito energético, cómo puede la transición energética contribuir al cumplimiento de estos ODS, el papel que juegan los distintos sectores económicos y sociales en el logro de estos objetivos y qué retos y oportunidades existen para alinear el sistema energético con los ODS.

Una vez analizados los aspectos anteriores, ¿crees que los ODS pueden servir como una hoja de ruta realista para transformar los sistemas energéticos actuales hacia modelos más sostenibles, inclusivos y resilientes?

3. Análisis de la economía circular

 HILO CONDUCTOR

Valeria y Óscar estuvieron durante todo el día de ayer revisando los principios de ecodiseño aplicados a una línea de productos locales que el ayuntamiento quiere reconvertir en clave circular. Con entusiasmo, debatieron sobre cómo sustituir los materiales no reciclables por otras opciones biodegradables y cómo repensar la logística desde la proximidad. Óscar resaltó el potencial de la reparación y el reacondicionamiento como nichos de empleo local, mientras Valeria conectaba esas ideas con los objetivos estratégicos de resiliencia territorial. Ambos coincidieron en que adoptar el modelo de economía circular, además de responder a una urgencia ambiental, también representa una verdadera oportunidad para innovar, reducir los costes y construir un desarrollo más justo y duradero.

La economía circular se ha consolidado como **un nuevo paradigma económico** que invita a repensar profundamente la manera en que producimos, distribuimos, consumimos y gestionamos los recursos. A diferencia del modelo lineal tradicional, basado en un flujo de materiales de "extraer, fabricar, consumir y desechar", el enfoque circular propone una lógica regenerativa e inclusiva, en la que los productos, componentes y materiales mantienen su valor dentro del sistema económico durante el mayor tiempo posible. Este modelo se sustenta en principios como el **ecodiseño, la reutilización, la reparación, la remanufactura y el reciclaje,** reduciendo al mínimo la generación de residuos y la extracción de materias primas vírgenes. Así, el objetivo no es únicamente gestionar los residuos de forma más eficiente, sino evitar que se generen desde el diseño y la planificación de los productos y servicios.

Este cambio de paradigma responde a múltiples desafíos globales, crisis climática, pérdida de biodiversidad, escasez de recursos, volatilidad económica, pero también abre nuevas vías de innovación y competitividad para las empresas y organizaciones.

 IMPORTANTE

Adoptar un enfoque circular permite a las empresas optimizar costes, reducir riesgos regulatorios, generar valor añadido y posicionarse estratégicamente frente a un consumidor cada vez más consciente. A nivel institucional, la economía circular ofrece herramientas de mejora de la resiliencia económica de los territorios al disminuir la dependencia exterior de las materias primas críticas y al fomento del desarrollo local sostenible. En suma, se trata de una transformación sistémica que conecta sostenibilidad ambiental, viabilidad económica y justicia social en un nuevo modelo de desarrollo.

3.1. Concepto de "economía circular"

La economía circular es un modelo de desarrollo económico que busca mantener los recursos, productos y materiales en uso durante el mayor tiempo posible, extrayendo de ellos el máximo valor antes de devolverlos al ciclo económico o al medioambiente con el menor impacto posible. A diferencia del modelo lineal tradicional, la economía circular plantea una lógica basada en ciclos cerrados, donde los residuos se convierten en recursos y el diseño inteligente evita la generación de desperdicios desde el origen.

Este enfoque implica **rediseñar los productos, los procesos y los modelos de negocio** para que sean más sostenibles, duraderos, reutilizables, reparables y reciclables. Asimismo, promueve el uso de energías renovables, la eficiencia en el uso de los recursos y la integración de la sostenibilidad en toda la cadena de valor. No se trata únicamente de una mejora ambiental, sino de una transformación sistémica que afecta al conjunto de la economía y abre nuevas oportunidades de innovación y competitividad.

Existen múltiples definiciones de economía circular, promovidas por organismos internacionales, instituciones públicas y fundaciones especializadas. Una de las más reconocidas es la de la **Fundación Ellen MacArthur,** que la describe como:

> *Un sistema económico restaurativo y regenerativo por diseño, que busca mantener los productos, componentes y materiales en su mayor utilidad y valor en todo momento.*

Por su parte, la **Comisión Europea** define la economía circular como un modelo que:

> *... mantiene el valor de los productos y materiales el mayor tiempo posible, reduce los residuos al mínimo y contribuye a una economía sostenible, eficiente en el uso de los recursos y competitiva.*

Estas definiciones coinciden en destacar tres principios clave:

Preservar y optimizar el capital natural	Mantener los productos y materiales en uso	Rediseñar los sistemas para evitar externalidades negativas
- El principio busca un crecimiento económico sostenible mediante el uso responsable de los recursos naturales, promoviendo energías limpias, la regeneración de ecosistemas y la conservación de la biodiversidad, sin superar los límites del medioambiente.	- El objetivo es prolongar la vida útil de los productos y los materiales mediante ecodiseño, reparación, reutilización, remanufactura y reciclaje, conservando el valor de los recursos y reduciendo costes e impactos ambientales.	- Este principio busca prevenir residuos y emisiones desde el origen, integrando criterios ambientales y sociales en el diseño de procesos y modelos económicos. Se apoya en la innovación, la digitalización y la economía colaborativa para reducir impactos negativos en la salud, el entorno y la sociedad.

La economía circular es un **enfoque adaptable** que puede aplicarse a distintos sectores (industria, construcción, agricultura, alimentación, tecnología, entre otros) y a diversas escalas (producto, empresa, territorio). Su implementación exige una visión global y una colaboración activa entre Administraciones, empresas, centros de investigación y ciudadanía.

Además, esta circularidad debe integrarse desde las etapas iniciales del ciclo de vida de un producto o servicio. Esto implica aplicar principios de ecodiseño, repensar los sistemas logísticos, adoptar modelos de negocio circulares (como el alquiler o el reacondicionamiento) y promover una economía más local, digitalizada y resiliente.

 **RECUERDA**

La economía circular es una respuesta estratégica a los desafíos globales actuales: escasez de recursos, cambio climático, pérdida de biodiversidad, volatilidad de precios y tensiones geopolíticas. También representa una oportunidad para generar empleo verde, reducir costes operativos, acceder a nuevos mercados y mejorar la reputación corporativa.

La adopción de este modelo requiere una combinación de innovación tecnológica, cambios culturales, ajustes normativos y nuevas formas de colaboración intersectorial. Su éxito depende de la capacidad de los distintos agentes para asumir un enfoque sistémico y proactivo, orientado a rediseñar la economía desde sus fundamentos.

3.2. Principios de la economía circular

La economía circular se sustenta en una serie de **principios clave** que orientan la transformación del actual modelo económico hacia un sistema más sostenible y regenerativo. Estos principios, ampliamente aceptados a nivel internacional, sirven como guía para el diseño de productos, servicios y procesos que mantengan los recursos en uso, reduzcan la generación de residuos y protejan el capital natural.

Lejos de limitarse al reciclaje, la economía circular propone un replanteamiento integral de la forma en que se conciben, fabrican, distribuyen, consumen y reutilizan los bienes. Su aplicación requiere integrar estos principios desde el inicio del ciclo de vida del producto, considerando no solo aspectos técnicos, sino también económicos, sociales y ambientales.

Los tres principios que sustentan la economía circular son:

- **Preservar y regenerar el capital natural:** este principio promueve reemplazar recursos no renovables por fuentes renovables y minimizar la extracción de materias primas, gestionando los recursos naturales de forma responsable. Incluye el uso de energías renovables, la protección de la biodiversidad y la regeneración de suelos, aguas y ecosistemas.
- **Mantener los productos, componentes y materiales en uso:** este principio busca mantener los productos y los materiales en uso el mayor tiempo posible, reduciendo la extracción de materias primas y la generación de residuos. Se apoya en estrategias como la reparación, reutilización, remanufactura y reciclaje para conservar su valor dentro del sistema económico.
- **Rediseñar sistemas para evitar externalidades negativas:** este principio impulsa nuevos modelos de negocio basados en el acceso y el servicio, como el alquiler o la economía colaborativa. Promueve el rediseño de productos y procesos para eliminar residuos desde el origen, mediante ecodiseño, uso de materiales seguros, optimización de recursos y atención a los impactos sociales y laborales en toda la cadena de valor.

Los tres principios anteriores no deben entenderse como etapas lineales, sino como un **sistema integrado** que permite anticiparse a los impactos y crear valor en cada fase del ciclo. La economía circular parte de una lógica preventiva y sistémica, que supera la visión reactiva tradicional centrada en la gestión de residuos.

Aplicar estos principios implica repensar cada decisión empresarial, desde el diseño hasta el posconsumo, generando soluciones innovadoras que respondan a los desafíos del siglo XXI. Además, la implementación efectiva de estos principios requiere de políticas públicas coherentes, incentivos adecuados y una fuerte cultura organizacional orientada a la sostenibilidad.

3.3. Oportunidades asociadas a la economía circular

La economía circular no solo responde a una necesidad ambiental, sino que también abre la puerta a múltiples oportunidades económicas, tecnológicas y sociales. Adoptar este modelo permite a las empresas, Administraciones y territorios generar valor de forma más eficiente, diversificada y resiliente.

Lejos de representar una limitación al crecimiento, la circularidad ofrece un nuevo marco de competitividad basado en la **innovación, la eficiencia y la colaboración.**

La transición circular permite reducir costes operativos, anticiparse a riesgos regulatorios y acceder a mercados cada vez más exigentes en materia de sostenibilidad. También contribuye a reforzar la reputación corporativa, atraer inversión verde y fidelizar a un consumidor más informado y consciente. A nivel territorial, facilita el desarrollo económico local y la creación de empleo cualificado vinculado a nuevas cadenas de valor.

Uno de los mayores impulsores de la economía circular es su capacidad para generar innovación en productos, procesos y servicios. Las empresas que adoptan enfoques circulares pueden:

Desarrollar
- Desarrollar nuevos modelos de negocio con productos como servicio, alquiler, suscripción, reutilización o remanufactura.

Optimizar
- Optimizar las cadenas de suministro, reduciendo las dependencias de las materias primas críticas.

Integrar
- Integrar tecnologías habilitadoras como la digitalización, el internet de las cosas (IoT), la trazabilidad o la inteligencia artificial para mejorar la eficiencia y la circularidad.

 **RECUERDA**

Esta dinámica innovadora, además de reducir el impacto ambiental, también amplía las oportunidades de diferenciación, captación de clientes y posicionamiento estratégico de las empresas y organizaciones.

La circularidad también se traduce en beneficios económicos tangibles. Al alargar la vida útil de los productos, reducir el consumo de los recursos y minimizar los residuos, las organizaciones pueden:

- Disminuir sus costes logísticos y de producción.
- Mejorar la eficiencia energética y de los materiales.
- Evitar sanciones o sobrecostes derivados de normativas ambientales cada vez más estrictas.
- Acceder a incentivos públicos para proyectos sostenibles.

 SABÍAS QUE...

Según algunos estudios de la Unión Europea, la aplicación de principios circulares podría suponer un ahorro neto de más de 600.000 millones de euros al año en el conjunto de la economía europea.

La transición hacia una economía circular implica la creación de nuevas ocupaciones y competencias, especialmente en sectores como la reparación, el reciclaje avanzado, el diseño sostenible, la logística inversa, la economía colaborativa o la gestión ambiental. Estos empleos suelen requerir de una mayor cualificación técnica y ofrecen oportunidades laborales en todo el territorio, también en zonas rurales o industriales en vías de transformación.

Además, la economía circular favorece el desarrollo de ecosistemas locales de colaboración, fomentando la simbiosis industrial, la valorización de los residuos en proximidad y el fortalecimiento del tejido empresarial en torno a circuitos cerrados.

El mayor beneficio de la economía circular es el cuidado y la protección del medioambiente.

En un contexto de inestabilidad geopolítica, como en el que nos encontramos, con escasez de materias primas y crisis climática, la economía circular refuerza la resiliencia y la autonomía estratégica de los países y las regiones. Al reducir la dependencia de los recursos importados y fomentar el uso eficiente de los materiales disponibles localmente se mejora la capacidad de respuesta ante interrupciones externas de suministros contribuyendo a una economía más autónoma e independiente.

NOTA

La circularidad está plenamente alineada con las prioridades políticas de la Unión Europea, los planes nacionales de recuperación y resiliencia y los marcos normativos autonómicos, lo que facilita el acceso a la financiación, al reconocimiento institucional y a las oportunidades de colaboración público-privada.

PARA SABER MÁS

En el enlace puedes leer el artículo en que se analiza cómo la transición circular genera beneficios económicos, incluyendo cifras relevantes sobre inversión y rentabilidad futura, y reflexiona sobre el enfoque justo en la demanda y políticas públicas. Accede desde aquí.

https://redirectoronline.com/seag00030102

 **TAREA 1**

Samuel trabaja en el departamento de sostenibilidad de una empresa del sector logístico. La dirección le ha pedido preparar un informe interno que justifique la necesidad de adoptar estrategias de economía circular desde una perspectiva económica. Para ello, debe crear una tabla explicativa donde se expongan los principales beneficios económicos de la circularidad y cómo impactan en la gestión empresarial. El informe debe ayudar a convencer a los responsables financieros de que invertir en economía circular es rentable a medio y largo plazo.¿Puedes ayudar a Samuel a completar el siguiente cuadro?

Beneficio económico de la circularidad	Descripción breve	Ejemplo práctico	Impacto en la empresa
Disminución de costes logísticos y de producción			
Mejora de la eficiencia energética y de los materiales			
Evitación de sanciones o sobrecostes normativos			
Acceso a incentivos públicos para proyectos sostenibles			

4. Gestión estratégica en Cataluña Circular

👉 HILO CONDUCTOR

Valeria y Óscar están revisando los indicadores del Observatorio de la Economía Circular de Cataluña para diseñar un nuevo proyecto piloto en su comarca. Valeria está sorprendida por la manera en la que la Hoja de Ruta FREC les permite alinear sus ideas con los objetivos estratégicos del territorio, mientras que Óscar valoraba positivamente el apoyo institucional de la Generalitat, elemento clave para conseguir financiación europea. Ambos coinciden en que el modelo catalán, además de ofrecerles las herramientas que necesitaban, también les

Continúa en página siguiente >>

<< Viene de página anterior

permitía tener una visión integrada que conectaba la política, la empresa y el entorno de la transición circular.

Cataluña se ha posicionado como una de las regiones europeas más activas en la promoción de la economía circular, integrándola como eje estratégico dentro de sus políticas de sostenibilidad, innovación y competitividad. Esta apuesta responde tanto al compromiso ambiental de la región como a la necesidad de redefinir su modelo productivo hacia esquemas más eficientes y resilientes.

NOTA

La transición circular en Cataluña se concibe como una oportunidad para modernizar la industria, dinamizar la economía local y fomentar un uso más inteligente de los recursos naturales.

La Generalitat ha articulado un conjunto de instrumentos y recursos institucionales que permiten dar seguimiento, fomentar y coordinar las acciones en materia de economía circular. Entre ellos destacan el **Observatorio de la Economía Circular de Cataluña, la Hoja de Ruta de la Economía Circular en Cataluña (FRECC)** y **otras iniciativas** lideradas por el Gobierno autonómico. Estos mecanismos permiten alinear las políticas sectoriales, impulsar la colaboración público-privada y facilitar la toma de decisiones basadas en los datos y en las evidencias.

Comprender cómo se estructura y se aplica esta estrategia permite identificar distintas oportunidades de participación, financiación y replicabilidad en otros territorios, así como reforzar el papel de las organizaciones como agentes activos en la transición circular.

4.1. Observatorio de la Economía Circular de Cataluña

El Observatorio de la Economía Circular de Cataluña (OECC) es una herramienta estratégica creada con el objetivo de monitorizar, evaluar y promover la evolución del modelo circular en el territorio catalán. Su finalidad principal es generar conocimiento útil y actualizado que sirva de base para la toma de decisiones, el diseño de políticas públicas y la orientación de las estrategias empresariales hacia la sostenibilidad y la eficiencia en el uso de los recursos.

Este organismo actúa como una **plataforma técnica y colaborativa** que centraliza la información sobre flujos de materiales, generación de residuos, tasas de reciclaje, ecodiseño, innovación circular y otros indicadores clave. Su valor añadido reside en su capacidad para consolidar los datos dispersos y convertirlos en información relevante para distintos agentes del ecosistema circular: Administraciones, empresas, centros tecnológicos y ciudadanía.

El Observatorio cumple varias **funciones esenciales** dentro del marco de la estrategia circular de Cataluña:

- **Monitorización** de indicadores para recopilar y analizar los datos relacionados con el consumo de recursos, la productividad material, la eficiencia energética y las tasas de circularidad.
- **Evaluación** del desempeño para obtener diagnósticos sectoriales y territoriales que permitan medir el grado de avance en la implementación de políticas circulares.
- **Difusión** del conocimiento mediante la publicación de informes técnicos, guías metodológicas y estudios de referencia que apoyan la toma de decisiones informada.
- **Conexión** entre los actores como nodo de intercambio de información y buenas prácticas, promoviendo la cooperación entre sectores y niveles de gobierno.

El **Observatorio de la Economía Circular de Cataluña** (OECC) no opera de manera aislada, sino que se enmarca en una estrategia institucional amplia, liderada por el Departamento de Acción Climática, Alimentación y Agenda Rural de la Generalitat de Cataluña. Además, trabaja en coordinación con organismos como la Agencia de Residuos de Cataluña, ACCIÓ (Agencia para la Competitividad de la Empresa) y otros programas como la Red de Ciudades y Pueblos hacia la Sostenibilidad.Gracias a esta visión transversal e integradora, el Observatorio se ha consolidado como una referencia técnica en el diseño, seguimiento y mejora continua de las políticas de economía circular en el ámbito autonómico. Su existencia permite reforzar la gobernanza ambiental basada en los datos, generar transparencia institucional y facilitar el acceso a información clave para los agentes económicos.

 PARA SABER MÁS

Puedes profundizar en el conocimiento de este organismo público desde su página web, a la que puedes acceder a través del siguiente enlace.

https://redirectoronline.com/seag00030103

4.2. Hoja de Ruta hacia la Economía Circular en Cataluña (FRECC)

La **Hoja de Ruta hacia la Economía Circular en Cataluña** (FRECC) es el documento de planificación estratégica que establece las líneas de actuación prioritarias para avanzar de manera estructurada hacia un modelo económico circular en el ámbito catalán. Aprobada por el Gobierno de la Generalitat, la FRECC articula un conjunto de objetivos, medidas e indicadores orientados a reducir la dependencia de los recursos no renovables, minimizar la generación de residuos y fomentar la innovación sostenible en todos los sectores económicos.

Esta hoja de ruta reconoce que la transición circular no puede abordarse desde una única dimensión, por lo que incorpora un enfoque multinivel, multisectorial y multiactor. Se concibe como una herramienta flexible, adaptable y en constante evolución, capaz de integrar nuevos avances tecnológicos, cambios normativos y aportaciones desde el tejido productivo y la sociedad civil.

La FRECC identifica **cinco grandes objetivos estratégicos** que sirven de base para todas sus actuaciones:

- **Reducir** el consumo de recursos materiales a través de la eficiencia, la reutilización y el ecodiseño.
- **Disminuir** la generación de residuos y su peligrosidad, favoreciendo la prevención y la valorización.
- **Fomentar** la innovación y el desarrollo tecnológico aplicados a modelos circulares.
- **Impulsar** la transformación empresarial y sectorial hacia otras prácticas más sostenibles.
- **Promover** la concienciación y participación ciudadana, generando una cultura circular en todos los niveles.

Estos objetivos están alineados con los compromisos climáticos, energéticos y ambientales de la Unión Europea y del Estado español y se materializan en medidas concretas de aplicación.

La hoja de ruta define una serie de ámbitos prioritarios de actuación, entre los que se incluyen la industria, la construcción, el sector agroalimentario, el turismo, la gestión del agua, la movilidad y el consumo responsable. Para cada uno de ellos, se proponen distintas líneas de intervención específicas que incluyen:

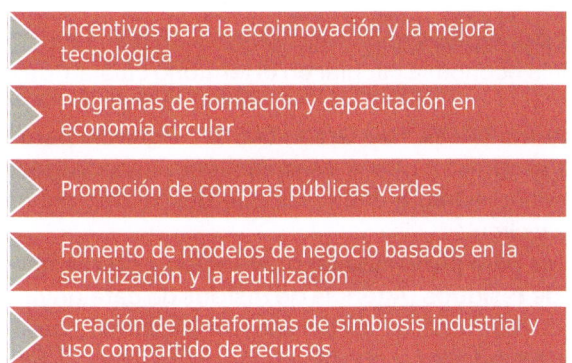

Incentivos para la ecoinnovación y la mejora tecnológica

Programas de formación y capacitación en economía circular

Promoción de compras públicas verdes

Fomento de modelos de negocio basados en la servitización y la reutilización

Creación de plataformas de simbiosis industrial y uso compartido de recursos

La implementación de la FRECC está acompañada por **un sistema de seguimiento y evaluación periódica,** basado en **indicadores clave de rendimiento (KPI)** que permiten medir el grado de avance en los distintos objetivos. Estos indicadores se integran con los datos recogidos por el Observatorio de la Economía Circular de Cataluña, asegurando su coherencia y trazabilidad.

La FRECC establece mecanismos de coordinación interdepartamental, así como espacios de participación para los actores económicos, sociales y académicos. Esta estructura garantiza que la hoja de ruta no es solo un documento técnico, sino que la convierte en una herramienta activa de transformación, basada en la colaboración y en el aprendizaje continuo.

4.3. Generalitat de Cataluña

La Generalitat de Cataluña ha asumido un papel activo en la promoción de la economía circular como parte central de su estrategia ambiental, industrial y de innovación. A través de una acción política decidida y transversal, se han desplegado múltiples iniciativas dirigidas a consolidar un ecosistema regional favorable a la transición circular. Estas actuaciones abarcan desde el diseño de políticas públicas hasta el impulso de programas de financiación, formación y colaboración intersectorial.

El enfoque adoptado por la Generalitat combina el liderazgo normativo con el acompañamiento técnico y económico a las empresas, municipios y entidades sociales. Se trata de una gobernanza orientada a la acción, basada en la cooperación entre departamentos y en la articulación de redes de actores públicos y privados comprometidos con la sostenibilidad.

Entre las **principales iniciativas** puestas en marcha por la Generalitat para fomentar la economía circular en el territorio catalán, destacan:

- **Programa PROACCIÓ Green (ACCIÓ-Agencia para la competitividad de la empresa):** ofrece asesoramiento especializado, subvenciones y acompañamiento a empresas que desarrollan proyectos de economía verde y circular.
- **Ayudas para proyectos de prevención y preparación para la reutilización de residuos (Agència de residus de catalunya):** promueve la jerarquía de residuos a través del apoyo a iniciativas locales y empresariales.
- **Red de ciudades y pueblos hacia la sostenibilidad:** plataforma municipal que facilita el intercambio de buenas prácticas en circularidad, eficiencia energética y consumo responsable.
- **ImpulsCatalunyacircular:** comunidad digital impulsada por el Govern para conectar a los agentes económicos y facilitar sinergias en proyectos circulares, especialmente en simbiosis industrial.
- **Guías técnicas y herramientas de autodiagnóstico:** documentos sectoriales que permiten evaluar el grado de circularidad de una empresa y orientan la mejora continua.

La Generalitat ha apostado por un modelo estratégico de impulso a la economía circular basado en la colaboración entre Administraciones, empresas, centros de investigación y ciudadanía. Esta cooperación se traduce en iniciativas como:

Clústeres de economía circular
- Impulsados desde ACCIÓ, agrupan distintas empresas innovadoras que comparten retos comunes en sectores como envases, agua, construcción o agroindustria.

Convenios con universidades y centros tecnológicos
- Destinados a fomentar la transferencia de conocimiento, el desarrollo de soluciones circulares y la formación de talento especializado.

Espacios de gobernanza compartida
- Similares al Consell català del desenvolupament sostenible, que asesora y articula el desarrollo de políticas sostenibles, incluyendo la economía circular como eje vertebrador.

Las actuaciones de la Generalitat en materia de economía circular están alineadas con las directrices del Pacto Verde Europeo, la Estrategia Española de Economía Circular 2030 y los objetivos climáticos y energéticos a 2030 y 2050. Asimismo, se integran dentro del marco presupuestario del **Fondo Europeo de Desarrollo Regional (FEDER)** y el **Mecanismo de Recuperación y Resiliencia,** lo que permite canalizar ciertos recursos europeos hacia proyectos transformadores a escala local y regional.

Gracias a este enfoque estructurado y con visión a largo plazo, Cataluña avanza hacia un modelo de desarrollo más resiliente, competitivo y alineado con los objetivos ecológicos del planeta.

PARA SABER MÁS

Puedes acceder al Fondo Europeo de Desarrollo Regional (FEDER) y al Mecanismo de Recuperación y Resiliencia a través de los siguientes enlaces.

Continúa en página siguiente >>

<< Viene de página anterior

Fondo Europeo de Desarrollo Regional (FEDER)	Mecanismo de Recuperación y Resiliencia

https://redirectoronline.com/seag00030104	https://redirectoronline.com/seag00030105

 APLICACIÓN PRÁCTICA

Iria está empezando a aplicar prácticas más sostenibles en la gestión energética de su empresa. Para ello, está estudiando los objetivos de la FREC, pero le surge una duda, por lo que te pregunta cuál de los siguientes enunciados representa claramente una de las metas de esta estrategia nacional. ¿Puedes indicarle qué opción es la correcta?

- Promover el uso exclusivo de combustibles fósiles en sectores industriales.
- Aumentar el consumo de materias primas importadas para mejorar la competitividad.
- Reducir el uso de materiales mediante la eficiencia, la reutilización y el ecodiseño.
- Priorizar el crecimiento económico sin restricciones ambientales.

Solución

Reducir el uso de materiales mediante la eficiencia, la reutilización y el ecodiseño. La FRECC busca fomentar una economía más eficiente y sostenible, reduciendo el consumo de recursos materiales a través de la reutilización, el ecodiseño y la eficiencia, como parte fundamental del modelo de economía circular.

---

5. Descripción de la Estrategia Española de la Economía Circular 2030

👉 **HILO CONDUCTOR**

Ha llegado el momento de que Óscar y Valeria analicen la Estrategia Española de Economía Circular 2030, ya que deben preparar una propuesta para un proyecto local de innovación. Valeria destaca el papel articulador del MITECO y cómo su trabajo se encarga de conectar la estrategia nacional con los objetivos europeos del Pacto Verde. Óscar, por su parte, valora el respaldo institucional y financiero que ofrece la Comisión Europea, que es un elemento clave para visibilizar las iniciativas circulares a nivel local.

La **EstrategiaEspañola de Economía Circular 2030** (EEEC 2030) constituye el marco de referencia estatal para guiar la transición hacia un modelo de producción y consumo más sostenible, eficiente en el uso de los recursos y alineado con los compromisos ambientales internacionales. Esta estrategia establece las bases para superar el modelo económico lineal imperante, fomentando la prevención de residuos, el ecodiseño, la reutilización, la reparación y el reciclaje, como pilares esenciales para una economía regenerativa.

Impulsada por el Ministerio para la Transición Ecológica y el Reto Demográfico (MITECO), en colaboración con otros departamentos ministeriales, la EEEC 2030 tiene un carácter transversal y afecta a todos los sectores productivos y administrativos. Su enfoque está enmarcado dentro de los objetivos del Pacto Verde Europeo y contribuye de forma directa a la consecución de los Objetivos de Desarrollo Sostenible (ODS), en especial los relativos al consumo responsable, acción climática, innovación e industria sostenible.

5.1. Ministerio para la Transición Ecológica y el Reto Demográfico (MITECO)

El Ministerio para la Transición Ecológica y el Reto Demográfico (MITECO) es el principal órgano del Gobierno de España encargado de diseñar, coordinar e implementar las políticas relacionadas con la sostenibilidad ambiental, el cambio climático, la gestión de los recursos y la transición hacia un modelo económico más resiliente y circular. En este contexto, el MITECO lidera la elaboración y el seguimiento de la Estrategia Española de Economía Circular 2030 (EEEC 2030), en colaboración con otras entidades gubernamentales, comunidades autónomas, entes locales y actores del sector privado.

El ministerio actúa como coordinador interministerial en todos los aspectos que afectan a la economía circular, promoviendo la integración de los principios circulares en áreas clave como la producción industrial, la gestión de residuos, la agricultura, la movilidad, el consumo, la innovación y la fiscalidad ambiental. Esta labor requiere de una estrecha colaboración con el Ministerio de Industria y Turismo, el Ministerio de Agricultura, Pesca y Alimentación y el Ministerio de Ciencia, Innovación y Universidades, entre otros.

Dentro del marco de la EEEC 2030, el MITECO asume diversas funciones estratégicas que permiten impulsar la circularidad de forma coherente y estructurada:

- ⮑ Elaboración de planes de acción que traducen la estrategia general en medidas concretas, con objetivos temporales y presupuestos asignados.
- ⮑ Coordinación de mecanismos de gobernanza, como los grupos de trabajo interministeriales y las mesas de diálogo con el sector privado y la sociedad civil.
- ⮑ Seguimiento y evaluación de los indicadores de circularidad, en colaboración con el Instituto Nacional de Estadística (INE) y el Observatorio de la Economía Circular.
- ⮑ Financiación e impulso de proyectos circulares, a través de convocatorias públicas y fondos europeos como el PRTR (Plan de Recuperación, Transformación y Resiliencia).
- ⮑ Fomento de la educación ambiental, la formación profesional y la sensibilización ciudadana, con el fin de crear una cultura circular transversal.

Además de la EEEC 2030, el MITECO ha promovido el desarrollo de **instrumentos normativos y estratégicos** que refuerzan la implantación de la economía circular en España. Entre los más relevantes se encuentran:

- ⮑ **Planes de acción de economía circular:** documentos bianuales que establecen medidas concretas para el avance de la estrategia en sectores prioritarios.
- ⮑ **Ley de residuos y suelos contaminados para una economía circular (Ley 7/2022):** establece nuevos marcos normativos para la prevención, gestión y valorización de residuos, incorporando principios circulares.
- ⮑ **Estrategia de bioeconomía y estrategia española de economía azul sostenible:** promueven el aprovechamiento sostenible de recursos biológicos y marinos, con enfoque circular.

○ **Proyectos de compra pública verde:** impulsan la integración de criterios ambientales y de circularidad en los procesos de contratación del sector público.

 RECUERDA

El MITECO también actúa como nexo entre las políticas europeas y su aplicación a nivel nacional y autonómico, garantizando que la legislación española esté alineada con el Pacto Verde Europeo, el Plan de Acción de Economía Circular de la Comisión Europea y otros marcos internacionales como el Acuerdo de París o la Agenda 2030.

También mantiene un diálogo activo con las comunidades autónomas, facilitando la coordinación multilateral y el desarrollo de estrategias regionales complementarias. Este enfoque le permite adaptar las políticas a las realidades territoriales, asegurando la coherencia y la eficacia de la acción pública en materia de economía circular.

 PARA SABER MÁS

Puedes acceder desde aquí al Informe CONAMA 2024, que lleva por título *Equilibrar competitividad y sostenibilidad*, en el que se recogen distintas conclusiones técnicas sobre la necesidad de integrar la competitividad industrial y la sostenibilidad circular en las políticas europeas y nacionales.

https://redirectoronline.com/seag00030106

5.2. Pacto Europeo y Plan de Acción de Economía Circular para una Europa más limpia y competitiva

El **Pacto Verde Europeo (European Green Deal)** es la gran estrategia de la Unión Europea para alcanzar la neutralidad climática en 2050 y transformar su modelo económico hacia una economía moderna, eficiente en el uso de los recursos y competitiva. Adoptado en diciembre de 2019, este pacto establece una visión integral que abarca desde la política energética y climática hasta la gestión de residuos, la agricultura sostenible, la movilidad limpia y la economía circular.

Dentro de este marco, la economía circular se presenta como un pilar esencial para lograr una Europa climáticamente neutra, al tiempo que se reducen las presiones sobre los recursos naturales y se generan nuevas oportunidades económicas y de empleo. El enfoque circular europeo está vinculado con otros instrumentos clave como el Plan Industrial del Pacto Verde, la Estrategia para la Biodiversidad 2030 y la política de cohesión territorial.

Como desarrollo específico del Pacto Verde, la Comisión Europea presentó en marzo de 2020 el Nuevo Plan de Acción para la Economía Circular: por una Europa más limpia y competitiva. Este plan tiene como objetivo **acelerar la transición circular en toda la Unión Europea,** con especial atención a los sectores con mayor potencial de impacto, como:

- **Electrónica y TIC:** mejora de la reparabilidad, durabilidad y reciclabilidad de dispositivos.
- **Baterías y vehículos:** reutilización y gestión de materiales críticos.
- **Envases y embalajes:** reducción del uso innecesario y promoción del ecodiseño.
- **Textiles:** impulso a la moda sostenible y la gestión eficiente de fibras y tintes.
- **Construcción y edificación:** reutilización de materiales, pasaportes digitales y economía de la deconstrucción.
- **Alimentación, agua y nutrientes:** prevención del desperdicio alimentario y recuperación de nutrientes.

Este Plan de Acción establece un conjunto de **líneas estratégicas** que guían las actuaciones tanto legislativas como operativas en todos los Estados miembros:

Política de producto sostenible
- Creación de un marco regulador que obligue al ecodiseño, la información al consumidor y la circularidad de los productos desde su concepción.

Empoderamiento del consumidor
- Mediante etiquetado claro, derecho a la reparación y lucha contra la obsolescencia programada.

Transformación de los procesos de producción
- Fomento de la innovación, digitalización, simbiosis industrial y nuevos modelos empresariales basados en servicios.

Economía circular en las regiones
- Destinados a fomentar la transferencia de conocimiento, el desarrollo de soluciones circulares y la formación de talento especializado. Impulso a las iniciativas locales y creación de ecosistemas industriales circulares.

Marco de seguimiento
- Mejora de los indicadores y herramientas para medir el progreso real hacia la circularidad.

El Plan de Acción está respaldado por distintos instrumentos financieros como el Mecanismo de Recuperación y Resiliencia (NextGenerationEU), el programa Horizonte Europa, los Fondos de Cohesión y el Programa LIFE, destinados a financiar proyectos innovadores con impacto circular. Asimismo, se refuerza la gobernanza con mecanismos de seguimiento y cooperación entre la Comisión, los Estados miembros y los entes regionales.

Los productos sostenibles están llegando a todos los ámbitos, incluido el alimentario.

Uno de los ejes transversales del plan es garantizar una transición justa, que no deje atrás a las regiones más dependientes de los sectores lineales y que fomente la formación, la creación de empleo verde y la inclusión social dentro del nuevo modelo económico europeo.

 VÍDEO

En este vídeo se explica en qué consiste la economía circular, sus retos y cómo está cambiando la economía global. Accede desde aquí para verlo.

https://redirectoronline.com/seag00030107

5.3. Comisión Europea

La Comisión Europea es el órgano ejecutivo de la Unión Europea y uno de los principales impulsores de las políticas ambientales, climáticas y económicas orientadas a la sostenibilidad. En el ámbito de la economía circular, la Comisión ha desempeñado un papel fundamental como articulador de estrategias, regulaciones e incentivos que han permitido consolidar este modelo como un eje central del Pacto Verde Europeo.

Desde 2015, la Comisión ha lanzado distintos planes de acción para impulsar la transición hacia una economía circular en todos los Estados miembros, facilitando el desarrollo de legislación específica, marcos normativos armonizados, sistemas de medición y acceso a financiación comunitaria. Su labor es clave para establecer objetivos comunes y garantizar que las políticas nacionales estén alineadas con las metas del conjunto de la Unión.

En el marco institucional europeo, la Comisión ejerce múltiples funciones relacionadas con la economía circular, entre las que destacan:

- **Propuesta** y desarrollo de normativa europea, como el Reglamento de Ecodiseño, la Directiva sobre Envases y Residuos de Envases o el Reglamento de Materias Primas Críticas.
- **Supervisión** del cumplimiento de los Estados miembros, mediante procesos de revisión, diálogo estructurado y sanciones en caso de incumplimiento.
- **Elaboración** de estrategias sectoriales, como la Estrategia Textil Sostenible, la Estrategia de Productos Sostenibles o la Estrategia sobre Plásticos en una Economía Circular.
- **Promoción** de la investigación y la innovación a través de programas como Horizonte Europa y el Instituto Europeo de Innovación y Tecnología (EIT).
- **Apoyo** técnico y financiero a través de instrumentos como LIFE, el Fondo de Innovación y el Banco Europeo de Inversiones (BEI).

 ## PARA SABER MÁS

En el siguiente enlace puedes descubrir el Plan de Acción de Economía Circular de la UE y las medidas adicionales que se quieren imponer para reducir los residuos y promover el uso de los productos sostenibles. Accede desde aquí.

https://redirectoronline.com/seag00030108

La Comisión Europea ha desarrollado un **marco común de seguimiento** basado en un conjunto de indicadores sobre la economía circular, que permiten evaluar el progreso en áreas como el consumo de los materiales, la tasa de reciclaje, el uso de materiales reciclados, el comercio de productos secundarios y la generación de residuos. Estos indicadores forman parte del **Cuadro de Indicadores de la Economía Circular,** disponible en la plataforma Eurostat.

Además, la gobernanza circular a escala europea se refuerza mediante estructuras colaborativas como:

El Foro Europeo de Economía Circular, que reúne a representantes de Gobiernos, empresas y sociedad civil.

La Plataforma de Apoyo a la Financiación de la Economía Circular, gestionada junto con el BEI.

La participación de la Comisión en proyectos piloto de economía circular en regiones, clústeres industriales y ciudades.

La Comisión Europea garantiza que la economía circular se integre en otras políticas clave del marco comunitario, incluyendo:

➲ La Estrategia Industrial Europea, que promueve la competitividad circular.
➲ La Política Agrícola Común (PAC), que incorpora principios de bioeconomía circular.
➲ La Política de Cohesión, que financia iniciativas circulares en las regiones menos desarrolladas.
➲ La Política Comercial, que promueve estándares de circularidad en acuerdos internacionales.

Este enfoque integrado permite que la economía circular no se limite a una agenda ambiental, sino que actúe como una palanca de transformación estructural en la estrategia económica y social de la Unión Europea.

6. Resumen

La economía circular se presenta como una alternativa estructural al modelo económico lineal, proponiendo una lógica regenerativa basada en el uso eficiente de los recursos, la prolongación de la vida útil de productos y materiales y la reducción drástica de residuos. Este enfoque no solo responde a la urgencia ambiental, sino que también abre oportunidades de innovación, eficiencia y competitividad para las organizaciones y territorios que lo adoptan.

El modelo circular se fundamenta en tres principios clave:

Preservar y optimizar el capital natural	Mantener los productos y materiales en uso	Rediseñar los sistemas para evitar externalidades negativas

Estos principios implican una transformación sistémica de los procesos de diseño, producción y consumo, que requiere la implicación de todos los actores sociales y económicos, desde el sector industrial hasta las Administraciones públicas.

Cataluña ha avanzado significativamente en la implantación de una estrategia circular regional a través de herramientas como el Observatorio de la Economía Circular, la Hoja de Ruta FRECC y diversas iniciativas de la Generalitat. Estos instrumentos permiten alinear políticas públicas, coordinar acciones multisectoriales y fomentar la simbiosis industrial, contribuyendo al desarrollo de un ecosistema innovador y sostenible.

A escala nacional y europea, la Estrategia Española de Economía Circular 2030 y el Plan de Acción de la Comisión Europea forman parte de un marco normativo y financiero robusto que promueve la circularidad como eje central de las políticas de sostenibilidad. La Comisión Europea, el MITECO y otras entidades trabajan de forma coordinada para impulsar legislaciones, financiar proyectos y facilitar una transición justa hacia un nuevo modelo económico regenerativo, competitivo e inclusivo.

Además de la EEEC 2030, el MITECO ha promovido el desarrollo de instrumentos normativos y estratégicos que refuerzan la implantación de la economía circular en España. Entre los más relevantes se encuentran:

Planes de acción de economía circular	Ley de Residuos y Suelos Contaminados para una Economía Circular (Ley 7/2022)	Estrategia de Bioeconomía y Estrategia Española de Economía Azul Sostenible	Proyectos de compra pública verde

Ejercicios de autoevaluación
Unidad de Aprendizaje 1

1. Indica si las siguientes afirmaciones son verdaderas o falsas:

a. La economía circular representa un cambio estructural en el modelo económico, no solo una mejora ambiental.

- ■ Falso
- ■ Verdadero

b. El conocimiento conceptual no es necesario para impulsar la transición hacia la economía circular.

- ■ Falso
- ■ Verdadero

c. La economía circular se centra exclusivamente en la gestión de residuos, sin involucrar el diseño o el consumo.

- ■ Falso
- ■ Verdadero

d. Una estrategia multiescalar en economía circular implica actuar desde lo local hasta lo global.

- ■ Falso
- ■ Verdadero

2. ¿Cuál es una de las contribuciones clave de la economía circular a los Objetivos de Desarrollo Sostenible?

a. Aumentar la dependencia de recursos no renovables.
b. Eliminar la innovación para reducir el gasto.
c. Integrar políticas ambientales, sociales y educativas en un marco común.
d. Reforzar el consumo lineal para impulsar el crecimiento económico.

3. **¿Qué objetivo principal persigue el principio de "mantener los productos y materiales en uso"?**

  a. Extender la vida útil de los productos mediante reparación y reutilización.
  b. Favorecer el crecimiento del mercado de residuos.
  c. Fomentar el consumo inmediato de productos.
  d. Incrementar el ritmo de extracción de materias primas.

4. **¿Cuál de las siguientes ventajas aporta el modelo de economía circular a las empresas?**

  a. Aumento de costes logísticos y operativos
  b. Mayor generación de residuos
  c. Menor eficiencia energética
  d. Reducción de riesgos regulatorios y acceso a nuevos mercados

5. **¿Qué ministerio lidera la implementación de la Estrategia Española de Economía Circular 2030?**

  a. Ministerio de Ciencia e Innovación
  b. Ministerio de Consumo y Comercio
  c. Ministerio de Industria
  d. Ministerio de Transición Ecológica y Reto Demográfico (MITECO)

Actuación en las organizaciones y buenas prácticas

Contenido

Objetivos

El objetivo general de esta Unidad de Aprendizaje es:

→ Identificar las iniciativas internacionales y las políticas públicas existentes orientadas a fomentar la transición hacia una economía circular en los distintos niveles administrativos de España.

Los objetivos específicos de esta Unidad de Aprendizaje son:

→ Identificar cómo se aplican los principios de la economía circular en el ámbito organizativo, desde el diseño de productos y servicios hasta la gestión de materiales y recursos a lo largo de su ciclo de vida.

→ Analizar casos de buenas prácticas y estrategias sectoriales implementadas por empresas, Administraciones y entidades, evaluando su impacto ambiental, económico y social en distintos entornos productivos.

→ Reconocer las principales herramientas, indicadores y plataformas de referencia que permiten medir el grado de circularidad en las organizaciones y apoyar la mejora continua en procesos de transición circular.

→ Aplicar los indicadores de circularidad a situaciones reales de una organización para proponer mejoras.

1. Introducción

La economía circular no puede entenderse únicamente como un marco teórico o una estrategia institucional abstracta; requiere de una aplicación concreta, rigurosa y adaptada a la realidad operativa de las empresas, organizaciones y sectores productivos. Esta aplicación práctica es lo que convierte los principios circulares en soluciones tangibles frente a desafíos como el agotamiento de los recursos, la generación de residuos o la pérdida de competitividad. La forma en la que las organizaciones públicas, privadas o del tercer sector, integran estos principios en sus decisiones estratégicas, operativas y logísticas, resulta fundamental para asegurar que esta transición hacia un modelo circular es efectiva, escalable y sostenible en el tiempo.

En este contexto, la actuación en las empresas y organizaciones y el análisis de las buenas prácticas cobran especial relevancia como herramientas de transformación real. Adoptar la circularidad implica reconfigurar todos los procesos, desde el diseño de los productos y servicios hasta la gestión de los recursos, pasando por el alargamiento del ciclo de vida de los materiales y la incorporación de nuevos modelos de negocio basados en la reutilización, el reacondicionamiento o la servitización. Unas buenas prácticas documentadas permiten a las organizaciones aprender de experiencias previas, identificar soluciones efectivas, aplicar estrategias sectoriales validadas y construir una cultura organizacional alineada con la sostenibilidad. Este enfoque operativo y aplicado es clave para pasar del compromiso a la acción y para demostrar que la economía circular, además de ser posible, también es rentable y replicable.

En esta unidad, seguiremos basándonos en el caso de Valeria y Óscar, que han visitado una cooperativa industrial que transforma los residuos orgánicos en biogás y compost y han comprobado cómo la economía circular puede aplicarse de forma concreta y rentable.

2. Actuación en las organizaciones

 HILO CONDUCTOR

Valeria y Óscar siguen en la cooperativa industrial que ha rediseñado por completo su modelo productivo aplicando los principios de la economía circular. Allí

Continúa en página siguiente >>

<< Viene de página anterior

están comprobando cómo el ecodiseño, la logística inversa y la reutilización de los materiales no se han convertido en decisiones estratégicas que reducen los costes, generan empleo y fortalecen la sostenibilidad del negocio. "Aquí todo se aprovecha: lo que antes era residuo, ahora es recurso", les ha explicado la responsable ambiental de la cooperativa. Esta experiencia les ha asegurado que el cambio hacia la circularidad solo es real cuando se implementa en la operativa diaria de las organizaciones, desde el taller hasta la oficina.

La economía circular no puede implementarse únicamente desde la política o la planificación estratégica: su éxito depende, en gran medida, de su integración efectiva dentro de las empresas y en los entornos productivos reales. Las empresas, entidades públicas, cooperativas, pymes y otras formas organizativas juegan un papel clave en la transición circular, ya que son responsables directas de gran parte del diseño, la fabricación, el consumo de recursos y la gestión de los residuos, por lo que es fundamental trasladar correctamente los principios circulares al ámbito operativo de las organizaciones.

La aplicación de la economía circular en las organizaciones implica una **transformación cultural, tecnológica y organizativa.** No se trata únicamente de reciclar más o generar menos residuos, sino de rediseñar los procesos, innovar en los modelos de negocio y repensar la relación con los clientes, proveedores y usuarios. Para lograrlo, se deben aplicar principios como el ecodiseño, la servitización, la simbiosis industrial, la logística inversa y el uso inteligente de datos, entre otros. Estas estrategias, además de reducir el impacto ambiental, también mejoran la eficiencia y generan nuevas oportunidades de valor.

2.1. Aplicación de los principios del diseño circular en nuevos servicios y productos

El diseño es una fase determinante en el ciclo de vida de cualquier producto o servicio. Se estima que alrededor del 80 % del impacto ambiental de un producto se define en la etapa de diseño. Desde la elección de los materiales hasta la facilidad de desmontaje o reparación, el diseño establece si un producto será reutilizable, reciclable o si terminará como residuo. En un modelo circular, diseñar bien no es solo una cuestión estética o funcional, sino una decisión estratégica con implicaciones ambientales, económicas y sociales.

IMPORTANTE

Los principios del diseño circular permiten anticipar el impacto ambiental desde la fase conceptual, integrando soluciones que prolonguen la vida útil de los productos, faciliten su mantenimiento o permitan su reconversión en nuevos recursos. Esto implica un cambio de mentalidad: se debe pasar del diseño orientado al consumo rápido y la obsolescencia, hacia un diseño pensado para la durabilidad, la adaptabilidad y la regeneración.

Los marcos de diseño circular identifican varios **principios operativos** que pueden aplicarse en el desarrollo de nuevos productos o servicios:

- Diseñar para la durabilidad: materiales resistentes, estructuras reparables o componentes intercambiables.
- Facilitar la reparación y el mantenimiento: acceso sencillo a las piezas, instrucciones técnicas y disponibilidad de repuestos.
- Promover la modularidad y el desmontaje: productos compuestos por partes fácilmente separables para su reutilización o reciclaje
- Seleccionar materiales seguros y reciclables: evitar sustancias tóxicas y optar por materias primas reutilizadas o de bajo impacto.
- Diseñar para el cambio de uso: permitir la reconversión o actualización del producto frente a las nuevas necesidades del usuario.

Estos principios pueden aplicarse tanto en los productos físicos (electrodomésticos, textiles, mobiliario, etc.), como en los servicios digitales, plataformas tecnológicas y experiencias de usuario.

El diseño circular abre la puerta a nuevos modelos de negocio sostenibles, como:

Productos como servicio (servitización)
- Ofrecer el uso en lugar de la propiedad (ej.: *leasing* de maquinaria o ropa por suscripción).

Plataformas de reutilización y reacondicionamiento
- Dar nueva vida a productos devueltos, defectuosos o en desuso.

Fabricación aditiva y personalización circular
- Optimizar el uso de materiales y adaptarse a necesidades específicas.

Ecodiseño digital y gemelos virtuales
- Simular y optimizar el ciclo de vida de un producto antes de su producción física.

 EJEMPLO

El sector de la agricultura es uno de los que generan mayor impacto sobre la sociedad y el medioambiente y, por lo tanto, uno de los más comprometidos con la sostenibilidad. Son muchas las vías de innovación que se plantean en esta materia, entre ellas:

- Agricultura urbana vertical.
- Proteínas alternativas.
- Apps de reducción de desperdicios alimentarios.
- Agricultura de precisión mediante el uso de tecnología e inteligencia artificial.
- *Software* de gestión de plagas.

Integrar el diseño circular en los nuevos servicios y productos, además de mejorar el desempeño ambiental de la organización, también transforma su relación con los clientes, los proveedores y el entorno. Diseñar para la circularidad implica entender el producto como parte de un sistema interconectado, en el que cada fase del ciclo de vida debe aportar valor y reducir al máximo el desperdicio.

Para lograrlo, las organizaciones deben invertir en formación técnica, adoptar metodologías de diseño colaborativo, incorporar criterios circulares en sus *briefings* y trabajar con proveedores responsables y recicladores especializados. El diseño circular es un proceso evolutivo de innovación continua hacia modelos más sostenibles y regenerativos.

2.2. Principios de la economía circular en el ámbito de la producción, consumo y gestión de los residuos

La producción representa una de las fases críticas donde se manifiestan los impactos ambientales más significativos. La economía circular promueve una transformación de los sistemas productivos, orientada a optimizar el uso de materias primas, minimizar los insumos vírgenes, reducir el desperdicio y rediseñar los procesos industriales bajo criterios de eficiencia y sostenibilidad. Este enfoque, no solo mejora el desempeño ambiental de las organizaciones, sino que también genera beneficios económicos al reducir costes operativos y favorecer la resiliencia frente a la escasez de recursos.

En este contexto, las estrategias de ecoeficiencia, producción limpia y simbiosis industrial resultan fundamentales. La simbiosis industrial permite que los subproductos de una empresa se conviertan en materias primas para otra, generando redes de valor compartido. Asimismo, la digitalización de los procesos productivos facilita la trazabilidad de los materiales y permite un control más preciso sobre los flujos de entrada y salida.

Los productos electrónicos son los que generan una mayor cantidad de residuos contaminantes.

El consumo en un modelo circular no se basa en la adquisición ilimitada de bienes, sino en el uso eficiente, responsable y prolongado de los productos. Esto implica una transformación en los patrones de comportamiento de los consumidores, pero también un rediseño de las estrategias comerciales de las organizaciones. Las empresas pueden fomentar el consumo circular mediante:

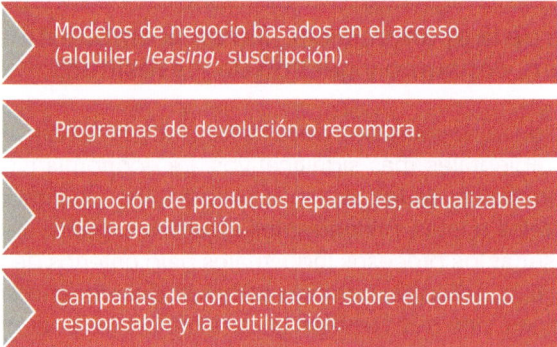

Modelos de negocio basados en el acceso (alquiler, *leasing*, suscripción).

Programas de devolución o recompra.

Promoción de productos reparables, actualizables y de larga duración.

Campañas de concienciación sobre el consumo responsable y la reutilización.

Desde el punto de vista empresarial u organizativo, es clave facilitar una información clara sobre la huella ambiental de los productos (ecoetiquetas, pasaportes digitales) y ofrecer incentivos al consumo sostenible.

Uno de los ejes esenciales de la economía circular es la revalorización de los residuos como recurso. En lugar de considerar los residuos como un subproducto sin valor, la circularidad promueve su integración en nuevos ciclos productivos. Este enfoque se basa en la **jerarquía de residuos,** que prioriza la prevención, seguida de la preparación para la reutilización, el reciclaje, la valorización energética y, como última opción, el deshecho al vertedero.

Para avanzar hacia una gestión circular de residuos, las organizaciones deben:

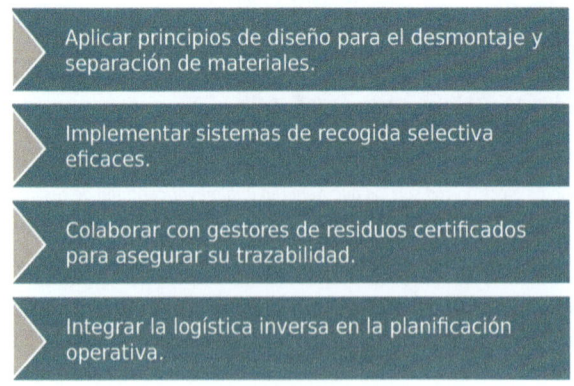

Aplicar principios de diseño para el desmontaje y separación de materiales.

Implementar sistemas de recogida selectiva eficaces.

Colaborar con gestores de residuos certificados para asegurar su trazabilidad.

Integrar la logística inversa en la planificación operativa.

IMPORTANTE

El desarrollo de nuevas tecnologías para el reciclaje avanzado (químico, mecánico o biológico) y la aparición de nuevos materiales reciclables están ampliando las posibilidades de cerrar el ciclo en múltiples sectores industriales.

La circularidad en la producción, en el consumo y en la gestión de residuos no puede abordarse de forma aislada. Requiere de una visión sistémica, en la que todos los eslabones de la cadena de valor estén conectados y orientados al cierre de los ciclos. Esto implica repensar la logística, las relaciones con los proveedores, la educación del consumidor, el marco normativo y la infraestructura de recogida y valorización.

Integrar estos principios permite a las organizaciones avanzar hacia modelos más sostenibles, resilientes y competitivos, capaces de adaptarse a un contexto global marcado por la presión ambiental, la digitalización y la evolución normativa.

 PARA SABER MÁS

En los siguientes enlaces puedes acceder a la página del MITECO y a un resumen de los Premios Retina ECO 2025 en los que se reconocen distintos proyectos que trabajan la economía circular. En los de este año 2025 se han premiado los proyectos como el ladrillo ecológico, la movilidad ligera o la innovación pública circular. Accede desde aquí.

MITECO	Premios Retina ECO 2025

https://redirectoronline.com/seag00030201	*https://redirectoronline.com/seag00030202*

2.3. Estrategias para mantener los productos y materiales en uso durante el mayor tiempo posible

Uno de los principios fundamentales de la economía circular es mantener los productos, componentes y materiales dentro del sistema económico durante el mayor tiempo posible. Esto implica maximizar su valor de uso, reducir la demanda de materias primas nuevas y evitar que se conviertan en residuos prematuros. Para lograrlo, las empresas y las organizaciones deben implementar estrategias que permitan prolongar el ciclo de vida útil de los bienes, tanto desde la fase de diseño como desde la gestión operativa.

Estas estrategias, además de reducir el impacto ambiental, también ofrecen ventajas competitivas al permitir un ahorro de costes, fidelización de clientes, apertura de nuevos mercados y diferenciación en términos de sostenibilidad. Asimismo, favorecen la creación de empleo en sectores como la reparación, el reacondicionamiento y el mantenimiento técnico.

Las organizaciones pueden aplicar diversas estrategias prácticas para mantener productos y materiales en circulación. Entre las más relevantes destacan:

- **Reutilización:** uso repetido de un producto o componente sin necesidad de transformarlo (ej.: envases retornables, mobiliario, piezas industriales).
- **Reparación:** restauración de productos averiados o deteriorados para devolverles su funcionalidad original.
- **Reacondicionamiento *(refurbishing)*:** restauración estética y funcional de productos usados para su posterior venta o alquiler.
- **Remanufactura:** desmontaje completo, revisión técnica y reconstrucción de un producto para devolverlo a condiciones similares a las originales.
- **Actualización o reconfiguración:** adaptación de productos a nuevos usos o necesidades mediante intervenciones técnicas o digitales.

NOTA

Estas estrategias deben ir acompañadas de servicios de posventa, disponibilidad de repuestos, diseño modular y políticas de garantía que favorezcan su viabilidad económica y técnica.

Mantener los productos en uso durante más tiempo también puede lograrse a través de modelos de negocio alternativos que sustituyen la propiedad por el acceso, como:

Pago por uso (pay-per-use)	Suscripción y *leasing*	Plataformas de segunda mano y economía colaborativa
- El cliente paga solo por el tiempo de utilización de un producto (ej.: maquinaria industrial, herramientas profesionales).	- Acceso periódico al producto con mantenimiento incluido, especialmente en sectores como tecnología, vehículos o moda.	- Mercados digitales para la compraventa, intercambio o alquiler de bienes ya existentes.

Estos modelos permiten a las organizaciones capturar valor en múltiples ciclos de vida del producto, al tiempo que responden a las nuevas preferencias de los consumidores, más centradas en el acceso que en la posesión.

El éxito de estas estrategias depende también de factores organizativos y culturales. Es fundamental fomentar una cultura interna orientada al mantenimiento, la reutilización y el aprovechamiento de recursos, acompañada de:

➲ Formación técnica del personal en reparación, logística inversa y gestión de activos.
➲ Colaboración con proveedores y clientes para cerrar ciclos compartidos.
➲ Implementación de herramientas digitales para el seguimiento del estado de los productos (IoT, pasaportes digitales, sensores).
➲ Políticas internas de circularidad aplicadas a compras, almacenes, flotas o instalaciones.

 NOTA

Mantener los productos en uso, además de ser una medida ambiental, también es una estrategia empresarial inteligente que refuerza la resiliencia y sostenibilidad de cualquier organización en el largo plazo.

⚒ APLICACIÓN PRÁCTICA

Leire está investigando acerca de la mejor forma de implantar la economía circular en su empresa. Quiere evitar la retirada de los equipos que pudieran tener una segunda vida útil, por lo que está revisando distintas estrategias que le permitan alargar el ciclo de vida de estos productos. ¿Qué estrategia consiste en limpiar y dejar como nuevo un producto usado para que vuelva a utilizarse sin perder calidad?

Solución

El reacondicionamiento o *refurbishing* es una estrategia circular que permite devolver un producto usado a un estado casi nuevo. Incluye limpieza, revisión de componentes y puesta a punto para que vuelva a funcionar correctamente. Es una forma eficaz de reducir los residuos y aprovechar al máximo los recursos ya utilizados.

---

3. Clasificación de las referencias donde se puede acceder al estudio de casos y buenas prácticas

☞ HILO CONDUCTOR

Mientras están analizando la manera en la que pueden aplicar la economía circular en su entorno laboral, Valeria y Óscar han descubierto el valor estratégico de analizar otros casos similares. Han descubierto la plataforma del MITECO, la Ellen MacArthur Foundation y el Laboratorio de Ecoinnovación, donde han encontrado ejemplos concretos de empresas que han transformado sus procesos con éxito. Se han interesado por las iniciativas de Renault o Galletas Gullón que les han ayudado a comprender cómo el establecimiento de indicadores específicos permite justificar las decisiones, acceder a financiación y comunicar los avances. Para Valeria, "no se trata solo de ideas, sino de evidencias prácticas que ya funcionan", puesto que la clave está en saber cómo adaptar esas buenas prácticas a su empresa.

El análisis y la adopción de buenas prácticas es una herramienta fundamental para acelerar la transición hacia los modelos circulares. A través del estudio de los casos reales y de las experiencias consolidadas, las empresas y organizaciones pueden identificar soluciones aplicables, evitar errores habituales y adaptar estrategias exitosas a su propio contexto. Para ello, es imprescindible contar con fuentes de información fiables, actualizadas y orientadas a la transferencia de conocimiento práctico.

Existen diversas plataformas e instituciones que han recopilado, sistematizado y publicado buenas prácticas vinculadas a la economía circular, tanto a nivel nacional como internacional. Estas referencias, además de mostrar lo que se está haciendo en materia de circularidad, también ofrecen métodos, herramientas, indicadores y resultados concretos que permiten evaluar la efectividad de cada iniciativa. Asimismo, muchas de estas experiencias están alineadas con los ODS y las políticas europeas, lo que facilita su integración en proyectos financiados o estrategias regionales.

3.1. Ministerio para la Transición Ecológica y el Reto Demográfico (MITECO)

El Ministerio para la Transición Ecológica y el Reto Demográfico (MITECO) es el organismo del Gobierno de España encargado de diseñar e implementar las políticas estatales en materia de sostenibilidad, transición energética y economía circular. A través de sus estrategias, planes y plataformas digitales, el MITECO se ha consolidado como una fuente clave de información, recursos técnicos y casos prácticos sobre la aplicación de la economía circular en diversos sectores productivos.

Además de liderar la Estrategia Española de Economía Circular 2030 (EEEC), el ministerio promueve iniciativas que visibilizan proyectos exitosos, impulsan la innovación ambiental y fomentan el aprendizaje colectivo mediante la difusión de buenas prácticas y experiencias transferibles.

El MITECO pone a disposición del público una serie de **plataformas y documentos útiles** para el estudio y la aplicación de la economía circular, entre los que destacan:

⮞ **Portal de economía circular:** espacio digital que incluye legislación, informes, guías metodológicas, convocatorias y ejemplos prácticos actualizados.
⮞ **Banco de buenas prácticas ambientales:** repositorio *online* donde se recogen proyectos destacados por su impacto positivo en sostenibilidad, eficiencia de recursos y reducción de residuos.

- **Planes de acción para la economía circular (PAEC):** documentos bianuales que detallan medidas concretas, sectores prioritarios y líneas de financiación.
- **Convocatorias de ayudas:** apoyo económico a proyectos circulares innovadores.

 IMPORTANTE

Estos recursos están dirigidos tanto a las Administraciones públicas como a las empresas, organizaciones del tercer sector y a la ciudadanía interesada en integrar prácticas circulares en su entorno.

Todos los recursos mencionados anteriormente son de acceso público y pueden consultarse a través de la web oficial del MITECO. Su consulta es especialmente útil para docentes, consultores, responsables técnicos y estudiantes que deseen trabajar con referencias reales y actualizadas en el marco de la economía circular aplicada.

Incorporar estos estudios de caso y materiales técnicos en los procesos de formación, diagnóstico o diseño de proyectos, permite enriquecer el enfoque práctico del aprendizaje y apoyar la toma de decisiones basada en evidencias.

 PARA SABER MÁS

En el siguiente enlace puedes acceder al informe estratégico del MITECO que orienta la hoja de ruta nacional hacia una economía circular:

https://redirectoronline.com/seag00030203

3.2. Ellen MacArthur Foundation

La Ellen MacArthur Foundation (EMF) es una de las entidades más influy-entes en el ámbito de la economía circular a nivel internacional. Fundada en 2010 en el Reino Unido, su misión es acelerar la transición global hacia una economía circular mediante la investigación, la innovación, la formación y la creación de alianzas entre Gobiernos, empresas, instituciones educativas y sociedad civil. La fundación ha sido clave en la definición del marco conceptual moderno de economía circular y en su difusión global.

La fundación también dispone de un sistema de membresía para ayudar a las empresas a conseguir que sus actividades e iniciativas sean sustentables.

Gracias a su enfoque multidisciplinar y a su capacidad de convocatoria, la EMF ha logrado posicionar la circularidad como una estrategia central en sectores como la moda, los plásticos, la alimentación, la construcción o las tecnologías digitales, trabajando directamente con grandes corporaciones, entidades académicas y organismos multilaterales.

Uno de los principales aportes de la EMF es la creación de un extenso repositorio de casos de estudio y publicaciones técnicas, accesibles a través de su plataforma digital (https://ellenmacarthurfoundation.org). Entre sus recursos más destacados se encuentran:

> **The Circular Design Guide**
> - Herramienta desarrollada en colaboración con IDEO, que ofrece metodologías prácticas para aplicar el diseño circular en organizaciones.

> **Informes sectoriales estratégicos**
> - Como *The Circular Economy in Cities, Completing the Picture: Climate Change and the Circular Economy* o *The New Plastics Economy*.

> **Learning Hub**
> - Centro de formación con cursos *online*, webinarios y materiales educativos para empresas, estudiantes y responsables políticos.

Estos contenidos combinan una sólida base teórica con ejemplos visuales, datos cuantificables e historias inspiradoras, lo que facilita su aplicación en contextos formativos y de innovación organizacional.

 SABÍAS QUE...

La fundación lidera la Red Circular de Empresas (CE100), una plataforma internacional que reúne a grandes corporaciones, pymes, universidades y *startups* comprometidas con la economía circular. A través de esta red, se promueve el intercambio de conocimientos, el desarrollo de proyectos colaborativos y la creación de cadenas de valor circulares a escala global.

La EMF colabora activamente con algunos organismos internacionales como la Comisión Europea, el Programa de las Naciones Unidas para el Medio Ambiente (PNUMA) y el Foro Económico Mundial, fortaleciendo la coherencia entre iniciativas locales y estrategias globales. Su influencia ha sido clave para que conceptos como el ecodiseño, la servitización o la circularidad en los sistemas alimentarios pasen de ser propuestas teóricas a prácticas reales en empresas y Gobiernos.

3.3. Laboratorio de Ecoinnovación. Fundación Fórum Ambiental (CaixaBank)

El Laboratorio de Ecoinnovación, impulsado por la Fundación Fórum Ambiental con el apoyo de CaixaBank, es una plataforma especializada en la identificación, análisis y difusión de buenas prácticas empresariales en sostenibilidad y economía circular. Su objetivo principal es facilitar la transición hacia modelos de negocio más sostenibles mediante la integración de criterios ambientales en la estrategia, la operación y la cultura de las organizaciones.

Desde su creación, este laboratorio se ha centrado en generar conocimiento práctico y accesible sobre cómo aplicar la ecoinnovación en el tejido productivo, promoviendo soluciones que aporten valor ambiental, económico y social. Está especialmente orientado a pequeñas y medianas empresas (pymes) y a sectores con alto potencial de transformación circular.

El Laboratorio publica de forma periódica informes, fichas de buenas prácticas, estudios de tendencias y guías metodológicas, disponibles en su web. Estos materiales abordan temas como:

- **Casos prácticos:** descubre las empresas que ya han aumentado su competitividad incorporando estrategias de ecoinnovación en sus productos, procesos y servicios.
- Seminarios: dirigidos a conocer y compartir las acciones realizadas por las empresas que han usado soluciones ecoinnovadoras para aumentar su competitividad.
- *Networking:* para conocer mejor las necesidades expresadas por las empresas, con el objetivo de analizarlas, debatirlas y canalizarlas.
- **Planes de acción:** guías para implementar las estrategias de ecoinnovación competitiva en las organizaciones.

IMPORTANTE

Una de las principales fortalezas del Laboratorio de Ecoinnovación es el apartado "Planes de acción", en el que se recogen distintas guías con propuestas metodológicas y posibles líneas de trabajo para las empresas que quieran implementar estrategias de ecoinnovación competitiva en sus organizaciones.

SABÍAS QUE...

En los últimos años, la economía circular se ha consolidado como una estrategia clave para impulsar la sostenibilidad y la eficiencia en el sector industrial. Empresas como Renault España y Galletas Gullón demuestran cómo este modelo no solo contribuye a la reducción del impacto ambiental, sino que también genera beneficios económicos tangibles. Renault ha inaugurado en Valladolid su primera planta de economía circular en España, dedicada al reacondicionamiento de vehículos, con el objetivo de optimizar recursos y fomentar la reutilización de componentes. Por su parte, Galletas Gullón ha logrado reducir su huella de carbono en un 46 % y aumentar su facturación en un 10 % gracias a la implementación de estrategias circulares, mostrando cómo la sostenibilidad puede ir de la mano con la rentabilidad empresarial.

3.4. Herramientas e indicadores de medición de la circularidad

En cualquier proceso de transición hacia modelos circulares, disponer de herramientas de medición adecuadas es esencial para evaluar el punto de partida, establecer objetivos realistas y realizar un seguimiento riguroso del progreso. La economía circular requiere una lógica diferente a la de los modelos lineales tradicionales, por lo que no basta con trabajar los indicadores clásicos de producción o eficiencia: se necesitan métricas específicas que permitan valorar el ciclo de vida, la recuperación de los recursos, la duración del uso y la regeneración de los sistemas.

Los indicadores de circularidad ayudan a las organizaciones a identificar las oportunidades de mejora, justificar inversiones, comunicar resultados a los grupos de interés y cumplir con normativas ambientales. Además, permiten comparar el desempeño circular entre productos, procesos, sectores o territorios, promoviendo la transparencia y la mejora continua.

En los últimos años han surgido diversas metodologías, guías e instrumentos para evaluar el grado de circularidad de una organización, producto o servicio. Algunas de las más reconocidas son:

- ⮞ *Circular Transition Indicators (CTI)* - *World Business Council for Sustainable Development (WBCSD):* marco metodológico que permite medir flujos materiales, tasas de reciclaje y retención de valor en la empresa.
- ⮞ *Material Circularity Indicator (MCI)* - *Ellen MacArthur Foundation y Granta Design:* índice que cuantifica el nivel de circularidad de un producto según el uso de materiales vírgenes, reciclados, reutilizados o perdidos.
- ⮞ **BS 8001:2017** - *British Standards Institution (BSI):* primera norma estándar sobre economía circular, que proporciona una guía estructurada para su implementación organizacional.
- ⮞ *Circulytics* - *Ellen MacArthur Foundation:* herramienta de autoevaluación gratuita que ofrece un análisis integral del rendimiento circular de una empresa en diferentes áreas (estrategia, operaciones, finanzas, recursos humanos, etc.).
- ⮞ *GEC Circularity Gap Reports* - *Circle Economy:* informes globales que ofrecen una visión macro sobre la brecha circular a nivel mundial y sectorial, incluyendo metodologías comparativas.

Estas herramientas suelen ser complementarias y adaptables según el nivel de madurez de la organización, el sector económico y el objetivo de la evaluación (diagnóstico, *benchmarking,* planificación estratégica o reporte externo).

Algunos de los indicadores más utilizados para medir la circularidad en las organizaciones incluyen:

- Tasa de utilización de materiales reciclados (% de materiales reciclados en el total de entrada de materiales).
- Duración media del ciclo de uso (años de vida útil de productos o componentes).
- Índice de reutilización interna y externa (cantidad de subproductos o residuos reintegrados en procesos propios o ajenos).
- Proporción de productos diseñados para desmontaje o reutilización.
- Reducción de residuos enviados a vertedero o incineración.
- Huella de circularidad o *circular footprint,* integrada con análisis de ciclo de vida (ACV).

NOTA

La aplicación de estos indicadores permite generar informes de sostenibilidad más robustos, responder a criterios de compras públicas verdes, participar en programas europeos de financiación y mejorar la toma de decisiones en sostenibilidad corporativa.

- -

TAREA 2

Trabajas en una empresa industrial que se dedica a fabricar piezas que quiere mejorar su compromiso ambiental y avanzar hacia un modelo de economía circular. El equipo directivo te pide un breve informe en el que:

- Definas qué son los indicadores de circularidad.
- Describas una situación en la gestión de los residuos en la que se puedan aplicar los indicadores de circularidad.
- Propongas una mejora concreta basada en un principio de circularidad y expliques cómo contribuye a hacer más sostenible la empresa.

- -

4. Gestión de las buenas prácticas

☞ HILO CONDUCTOR

Valeria y Óscar han descubierto el verdadero valor de la economía circular cuando han accedido a distintas publicaciones sobre sus buenas prácticas. Más allá de la inspiración, las experiencias sistematizadas de otras empresas y organizaciones les han mostrado herramientas concretas para adaptar las soluciones a su propia empresa. Al analizar casos de empresas similares han identificado patrones replicables y métricas útiles para evaluar el impacto. Mientras que Óscar ha descubierto que lo que necesitan ya existe y que solo deben aprender de quienes lo han hecho bien, Valeria está aprovechando para detectar los aspectos clave que su empresa está desarrollando sin darse cuenta.

La recopilación, análisis y difusión de las buenas prácticas es un componente esencial en la implementación efectiva de la economía circular. Estas experiencias permiten identificar soluciones que han demostrado su eficacia, generar aprendizaje colectivo y fomentar la replicabilidad de modelos exitosos en distintos sectores y territorios. Las buenas prácticas funcionan como ejemplos tangibles de cómo los principios circulares pueden traducirse en acciones concretas, medibles y sostenibles.

Una buena práctica no es simplemente una iniciativa bien intencionada, sino una acción sistematizada, con resultados verificables y alineada con criterios de sostenibilidad ambiental, eficiencia de recursos y valor social o económico. Para que puedan ser consideradas como tales, deben haber sido implementadas, evaluadas y documentadas, preferiblemente con indicadores de impacto. Su análisis permite extraer lecciones aplicables a otras organizaciones, adaptar soluciones a nuevos contextos y acelerar los procesos de innovación circular.

4.1. Objetivo de las buenas prácticas

El objetivo principal de identificar y gestionar las buenas prácticas en la economía circular es **facilitar la transición hacia modelos más sostenibles y eficientes mediante el aprendizaje práctico.** Las buenas prácticas permiten demostrar que la circularidad no es solo un concepto teórico, sino una realidad alcanzable que aporta beneficios concretos a nivel económico, ambiental y social. Estas experiencias representan soluciones que han superado retos reales y que pueden ser adaptadas, escaladas o replicadas por otras organizaciones en contextos similares.

A través de la sistematización de las buenas prácticas, las entidades pueden mejorar sus procesos internos, innovar en sus productos o servicios, cumplir con normativas ambientales, acceder a financiación y mejorar su reputación corporativa. Además, constituyen un instrumento valioso para orientar políticas públicas, evaluar el impacto de programas de sostenibilidad y reforzar redes de colaboración sectorial o territorial.

Para que una experiencia sea considerada como buena práctica, debe cumplir una serie de **criterios técnicos y metodológicos** que garanticen su relevancia y aplicabilidad. Entre los más habituales se encuentran:

- **Resultados medibles:** debe demostrar mejoras cuantificables (reducción de residuos, ahorro de recursos, emisiones evitadas, etc.).
- **Innovación y replicabilidad:** aporta soluciones novedosas o adaptadas a contextos específicos, susceptibles de ser reproducidas en otras organizaciones.
- **Viabilidad económica:** combina impacto ambiental con sostenibilidad financiera.
- **Escalabilidad:** posibilidad de ampliación o integración en procesos más amplios.
- **Contribución a los ODS o a estrategias públicas:** alineación con marcos de referencia como la Estrategia Española de Energía Circular 2030, los planes regionales o el Pacto Verde Europeo.

El uso sistemático de las buenas prácticas permite a las organizaciones acelerar su curva de aprendizaje, evitar errores frecuentes, fortalecer su cultura interna de sostenibilidad y visibilizar sus logros. Además, muchas de estas experiencias pueden ser reconocidas en plataformas oficiales (como MITECO o EMF), lo que incrementa su posicionamiento, acceso a fondos y credibilidad ante inversores, clientes y Administraciones.

 SABÍAS QUE...

Para las Administraciones públicas, las buenas prácticas son un instrumento clave para la evaluación y mejora de las políticas públicas, permitiendo identificar qué medidas funcionan en la práctica, cómo se pueden optimizar y qué actores están liderando la transformación circular en sus respectivos ámbitos.

4.2. Buenas prácticas en sectores industriales

La industria desempeña un papel central en la transición hacia una economía circular por su alto consumo de recursos, su capacidad de innovación tecnológica y su influencia en las cadenas de valor. La aplicación de buenas prácticas circulares en los sectores industriales permite optimizar procesos, reducir residuos, mejorar la eficiencia energética y generar nuevas oportunidades de negocio basadas en la valorización de recursos. Estos avances no solo aportan beneficios ambientales, sino que también fortalecen la competitividad y resiliencia de las empresas frente a contextos de cambio regulatorio, escasez de materias primas o volatilidad de precios.

En los últimos años, múltiples industrias han comenzado a incorporar la circularidad en sus modelos operativos mediante la adopción de estrategias como la simbiosis industrial, la servitización, el ecodiseño, la logística inversa y el reaprovechamiento de residuos como materias primas secundarias.

A continuación, se describen **ejemplos de buenas prácticas circulares** aplicadas en distintos sectores industriales:

- ⮞ **Sector agroalimentario:** aprovechamiento de subproductos orgánicos para la generación de biogás, compost o ingredientes funcionales. Ejemplo: proyectos de economía circular en cooperativas agrícolas con circuitos cerrados de nutrientes y agua.
- ⮞ **Sector textil y moda:** uso de fibras recicladas, diseño modular, reparación y modelos de negocio basados en alquiler o reventa. Por ejemplo, marcas que aplican estrategias de recolaboración textil y pasaportes digitales para trazabilidad.
- ⮞ **Industria química y plásticos:** incorporación de contenido reciclado, reciclaje químico avanzado y sustitución de compuestos peligrosos. Por ejemplo, empresas que transforman residuos plásticos en materia prima secundaria certificada.
- ⮞ **Sector de la construcción:** reutilización de materiales, demolición selectiva, uso de áridos reciclados y estructuras modulares desmontables. Por ejemplo, edificios diseñados para el desmontaje total con materiales circulares.
- ⮞ **Sector electrónico y TIC:** reacondicionamiento de dispositivos, diseño para desmontaje, recuperación de metales críticos y servicios posventa extendidos. Por ejemplo, fabricantes que ofrecen *leasing* tecnológico con garantías de recuperación.

El éxito de las buenas prácticas en el ámbito industrial suele estar vinculado a varios factores:

⊃ Integración de la circularidad desde la estrategia corporativa.
⊃ Colaboración con la cadena de suministro, desde los proveedores hasta los clientes finales.
⊃ Inversión en innovación tecnológica y digitalización, que permite monitorizar recursos y cerrar ciclos.
⊃ Capacitación del personal técnico y sensibilización de los equipos directivos.
⊃ Acceso a incentivos públicos, financiación verde o fondos europeos que apoyen la transición circular.

Estos casos demuestran que la circularidad industrial no es una barrera, sino una oportunidad para redefinir modelos productivos más eficientes, rentables y sostenibles. La documentación y difusión de estas experiencias son clave para inspirar a otros actores del sistema productivo y acelerar el cambio sistémico hacia una economía circular real.

4.3. Publicaciones sobre buenas prácticas

La publicación sistemática de las buenas prácticas en la economía circular cumple un papel clave en la transferencia de conocimiento y en la promoción de los modelos sostenibles replicables. Estas publicaciones, elaboradas por organismos públicos, fundaciones, universidades y redes de colaboración empresarial, permiten recopilar experiencias reales, evaluadas y contrastadas, que pueden ser adaptadas a otros contextos geográficos o sectoriales.

Las publicaciones suelen incluir fichas técnicas, informes temáticos, guías metodológicas, catálogos sectoriales o bases de datos interactivas. Estos recursos están dirigidos a los gestores públicos, empresas, centros tecnológicos, consultores y estudiantes y constituyen una fuente de inspiración y orientación práctica para impulsar la circularidad desde una perspectiva operativa y contextualizada.

Estas publicaciones permiten a las organizaciones y equipos formativos:

⊃ Identificar soluciones ya implementadas en entornos similares.
⊃ Inspirar proyectos piloto o estrategias de circularidad sectorial.
⊃ Facilitar el análisis comparativo entre diferentes enfoques.
⊃ Disponer de material de referencia para propuestas, talleres y planes de acción.
⊃ Conectar con redes de actores que ya han avanzado en la transición circular.

 **PARA SABER MÁS**

Desde el siguiente enlace puedes acceder al *Catálogo de buenas prácticas de economía circular* publicado por el MITECO.

https://redirectoronline.com/seag00030205

 ACTIVIDAD COMPLEMENTARIA

2. Investiga qué se entiende por buenas prácticas en la economía circular y cómo pueden aplicarse en distintos sectores económicos.

Identifica los principios clave que rigen este modelo: reducción, reutilización, reciclaje, rediseño y regeneración y reflexiona sobre qué características debe tener una buena práctica en el sector de la economía circular para ser considerada eficaz, replicable y sostenible. ¿Crees que la economía circular puede ser un modelo viable y sostenible para transformar los sistemas de producción y consumo actuales?

---

5. Resumen

La economía circular no puede implementarse únicamente desde la política o la planificación estratégica: su éxito depende, en gran medida, de su integración efectiva dentro de las empresas y en los entornos productivos reales.

El diseño circular busca reducir el impacto ambiental desde el inicio, promoviendo productos duraderos, fáciles de mantener y reutilizables. Supone un cambio de enfoque: dejar atrás el consumo rápido y la obsolescencia para priorizar la durabilidad, la adaptación y la regeneración.

El diseño circular abre la puerta a nuevos modelos de negocio sostenibles, como:

Productos como servicio (servitización)	Plataformas de reutilización y reacondicionamiento	Fabricación aditiva y personalización circular	Ecodiseño digital y gemelos virtuales

Las empresas pueden fomentar el consumo circular mediante:

- Modelos de negocio basados en el acceso (alquiler, *leasing,* suscripción).
- Programas de devolución o recompra.
- Promoción de productos reparables, actualizables y de larga duración.
- Campañas de concienciación sobre el consumo responsable y la reutilización.

Un principio clave de la economía circular es prolongar la vida útil de productos, componentes y materiales, manteniéndolos el mayor tiempo posible en el sistema económico. Esto permite maximizar su valor, reducir el uso de materias primas nuevas y evitar residuos prematuros, mediante estrategias aplicadas desde el diseño hasta la gestión operativa.

El MITECO es el organismo del Gobierno de España responsable de las políticas de sostenibilidad, transición energética y economía circular. Ofrece estrategias, planes y recursos digitales que lo convierten en una referencia clave para aplicar la economía circular en distintos sectores productivos.

Para avanzar hacia modelos circulares, es esencial disponer de herramientas de medición que permitan evaluar la situación de partida, establecer metas y monitorear el progreso. Dado que la economía circular requiere un enfoque distinto al de los modelos lineales, se necesitan métricas específicas centradas en el ciclo de vida, la recuperación de recursos, la duración del uso y la regeneración de los sistemas. Algunas de las más reconocidas son:

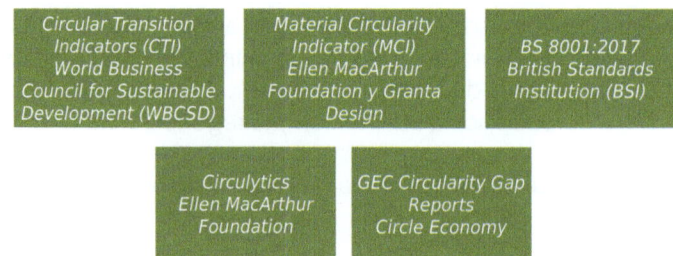

Identificar y gestionar buenas prácticas en economía circular permite acelerar la transición hacia modelos sostenibles a través del aprendizaje práctico. Estas experiencias prueban que la circularidad es factible y aporta beneficios reales. Para ser considerada una buena práctica, una experiencia debe cumplir ciertos criterios técnicos y metodológicos que aseguren su relevancia y posibilidad de aplicación en otros contextos. Entre los más comunes se incluyen:

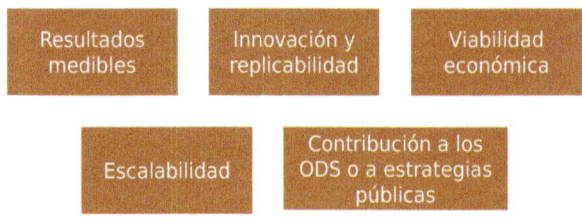

Ejercicios de autoevaluación
Unidad de Aprendizaje 2

1. Indica si las siguientes afirmaciones son verdaderas o falsas:

a. La economía circular debe aplicarse de forma concreta y adaptada a la realidad operativa de empresas y organizaciones.

- ■ Falso
- ■ Verdadero

b. La economía circular se limita a un marco teórico sin necesidad de implementación práctica.

- ■ Falso
- ■ Verdadero

c. Integrar principios circulares en decisiones logísticas y estratégicas favorece una transición efectiva hacia un modelo circular.

- ■ Falso
- ■ Verdadero

d. El análisis de buenas prácticas no tiene relevancia en la transformación hacia la economía circular.

- ■ Falso
- ■ Verdadero

2. ¿Qué principio de diseño circular busca evitar la obsolescencia prematura de los productos?

a. Diseñar para la durabilidad.
b. Diseñar para la moda estacional.
c. Optimizar la eliminación rápida de productos.
d. Promover el ensamblaje rígido y cerrado.

3. ¿Qué estrategia permite alargar el ciclo de vida de un producto y devolverlo a condiciones casi nuevas para ser reutilizado?

    a. Desmontaje y eliminación
    b. Reacondicionamiento *(refurbishing)*
    c. Reciclaje directo sin separación de componentes
    d. Reparación básica sin control de calidad

4. ¿Qué sector aplica pasaportes digitales para mejorar la trazabilidad de productos?

    a. Agroalimentario
    b. Químico
    c. Textil y moda
    d. TIC

5. ¿Qué componente favorece el trabajo conjunto entre empresas en proyectos circulares?

    a. La colaboración intersectorial y la simbiosis industrial.
    b. La competencia directa en un mismo nicho.
    c. La exclusión de proveedores pequeños.
    d. La subcontratación no regulada.

Glosario

Análisis del ciclo de vida (ACV)
Herramienta metodológica que permite evaluar los impactos ambientales de un producto, proceso o servicio a lo largo de todas las etapas de su ciclo de vida: extracción, producción, distribución, uso y fin de vida.

Bioeconomía
Modelo económico basado en el uso sostenible de los recursos biológicos renovables para producir alimentos, energía, materiales y servicios, integrando criterios circulares y de conservación de los ecosistemas.

Circularidad
Grado en que un sistema, producto o proceso mantiene los recursos en uso, reduce los residuos, promueve la reutilización y minimiza la extracción de materiales vírgenes.

Circulytics
Herramienta de evaluación desarrollada por la Ellen MacArthur Foundation que permite medir el nivel de desempeño circular de una organización en diversas áreas, más allá del análisis de materiales.

Diseño circular
Enfoque de diseño que considera la reutilización, reparación, desmontaje y reciclaje desde la fase inicial de concepción de un producto o servicio, priorizando la durabilidad y la eficiencia de los recursos.

Ecoeficiencia
Principio que combina el desempeño económico y la reducción de los impactos ambientales mediante la optimización de los recursos, los procesos y las tecnologías limpias.

Economía circular

Modelo económico que busca desvincular el crecimiento del consumo de los recursos finitos, cerrando los ciclos de los materiales, extendiendo la vida útil de los productos y minimizando la generación de los residuos.

Ecoinnovación

Desarrollo de productos, servicios o procesos que reducen significativamente el impacto ambiental a lo largo del ciclo de vida, incorporando los criterios de sostenibilidad desde su etapa de diseño.

Ecodiseño

Diseño de productos teniendo en cuenta criterios ambientales, con el fin de minimizar su impacto durante todo el ciclo de vida. Es una herramienta clave en la transición hacia la circularidad.

Fin de vida útil

Etapa final en el ciclo de un producto cuando ya no puede seguir cumpliendo su función original. En la economía circular, esta etapa se transforma en una nueva oportunidad de reutilización o valorización.

Logística inversa

Sistema que permite el retorno de los productos, materiales o residuos desde el consumidor hacia el productor o gestor, para su reutilización, reciclaje, reacondicionamiento o eliminación adecuada.

Material Circularity Indicator (MCI)

Índice desarrollado para medir el grado de circularidad de un producto, considerando la proporción de materiales reciclados, renovables, reutilizados y la duración del ciclo de vida.

Pasaporte digital de producto: herramienta que reúne información detallada sobre los componentes, materiales, reparabilidad y reciclabilidad de un producto, facilitando su trazabilidad y gestión circular.

Producción limpia

Estrategia preventiva que busca reducir al mínimo el uso de los recursos naturales y la generación de residuos y las emisiones desde el origen de los procesos productivos.

Reacondicionamiento (refurbishing)

Proceso de revisión, limpieza, reparación y actualización de productos usados para que puedan volver al mercado en condiciones de funcionalidad y estética similares a las originales.

Reutilización

Uso repetido de un producto o componente sin necesidad de someterlo a un proceso de transformación, con el fin de alargar su ciclo de vida y evitar su conversión en residuo.

Simbiosis industrial

Colaboración entre empresas para intercambiar recursos, energía, agua o subproductos con el objetivo de optimizar el uso de los materiales y reducir los impactos ambientales en los entornos industriales.

Tasa de reciclaje

Porcentaje de residuos recogidos y procesados para ser reincorporados como materias primas en nuevos ciclos productivos, en relación con el total de los residuos generados.

Valor residual

Valor económico o funcional que mantiene un producto, componente o material después de su uso inicial, susceptible de ser recuperado mediante los procesos de reparación, reciclaje o reutilización.

Vertedero

Destino final de los residuos sin valor aparente, generalmente en espacios acondicionados. Es la opción menos deseable en la jerarquía de la gestión de los residuos según la economía circular.

Bibliografía

Monografías

→ GUDÍN Rodríguez-Magariños, F.: *Economía circular en la Unión Europea: Un marco jurídico global para el Derecho ambiental del siglo xxi.* Madrid: Editorial Sepin, 2019.

> Estudio jurídico sobre la implementación del modelo circular en la legislación comunitaria, con ejemplos aplicados a España.

→ MESEGUER Sánchez, J.V. *et all.*: *Economía circular: fundamentos y aplicaciones.* Pamplona: Editorial Aranzadi, 2021.

> Aborda principios, herramientas y aplicaciones en ingeniería, ecodiseño y gestión sostenible dentro del contexto europeo.

→ NOGUEIRA López, A. y VENCE Deza, X.: *Redondear la economía circular.* Pamplona: Editorial Aranzadi, 2021.

> Análisis crítico del modelo circular institucional en España. Propone reformas en fiscalidad, ecodiseño y políticas públicas.

Publicaciones y páginas web *online* con recursos:

→ ¿Qué es la economía circular?, de: <https://los40.com/2025/06/20/que-es-la-economia-circular/>.

> El artículo describe la economía circular como un modelo que imita los ciclos naturales, evitando los residuos mediante el diseño y la reutilización, como elemento potencial para reducir emisiones.

→ 3 principios clave de la economía circular (MurArte Global), de: <https://www.murarteglobal.com/principios-de-la-economia-circular/>.

> El artículo aborda la base de la economía circular como forma de gestión de los recursos de forma sostenible, que permite alargar la vida útil de los productos y fomenta la colaboración para reducir los residuos y generar valor.

→ Biblioteca de las Cosas y ReMAD en España, de: <https://elpais.com/clima-y-medio-ambiente/2025-03-14/un-wallapop-sin-dinero-o-una-biblioteca-de-las-cosas-donde-conseguir-taladros-y-cunas-de-viaje-sistemas-para-reducir-la-basura.html>.

> El artículo destaca iniciativas como la Biblioteca de las Cosas y ReMAD, que fomentan la economía circular mediante el préstamo y la reutilización de objetos, reduciendo residuos y prolongando su vida útil.

→ Economía circular: ejemplos y aplicaciones, de: <https://universidadeuropea.com/blog/economia-circular/>.

> El artículo presenta la economía circular como un modelo basado en reutilizar, reparar y reciclar los productos, destacando ejemplos de empresas como Patagonia o IKEA y sus beneficios ambientales, económicos y laborales en Europa.

→ Estrategia Española de Economía Circular (España Circular 2030), de: <https://www.miteco.gob.es/es/calidad-y-evaluacion-ambiental/temas/economia-circular/estrategia.html>.

> La Estrategia España Circular 2030 fija metas como la reducción en un 30 % el consumo de materiales y un 15 % los residuos, priorizando sectores clave con medidas trienales para fomentar la producción sostenible, la reutilización y el ecodiseño.

→ EuroparlFactsheet: eficiencia de recursos y economía circular, de: <https://www.europarl.europa.eu/factsheets/es/sheet/76/la-eficiencia-en-el-uso-de-los-recursos-y-la-economia-circular>.

> La estrategia circular de la UE, alineada con el Pacto Verde, fija objetivos como reciclar el 65 % de residuos urbanos y limitar vertederos al 10 % para 2035, regulando productos clave para impulsar el ecodiseño y la reutilización.

→ Fundación Economía Circular, de: <https://economiacircular.org>.

> La Fundación para la Economía Circular promueve un modelo sostenible en España y Europa mediante formación, proyectos y alianzas, actuando como nexo entre Administraciones, empresas y sociedad civil.

→ Pacto por una Economía Circular: <https://www.miteco.gob.es/es/calidad-y-evaluacion-ambiental/temas/economia-circular/pacto-por-una-economia-circular.html>.

> El pacto reúne a más de 400 entidades comprometidas con la economía circular, centradas en el ecodiseño, la reducción de recursos y la innovación. Promueve la colaboración entre sectores para impulsar la transición circular en España.

→ Perfil país 2024: economía circular en España, de: <https://earea.es/recurso/perfil-de-pais-de-la-economia-circular-en-espana-2024/>.

La página muestra el perfil 2024 de España en la economía circular, con datos de políticas, buenas prácticas e indicadores actualizados del Plan de Transición Circular.